填补历史空白

冰释千古之疑

山西与丝绸之路丛书

解读虞弘墓

——北朝定居中国的粟特人

张庆捷 著

山西出版传媒集团
三晋出版社

序

Interpretation of Yu Hong's Tomb

1958 年，美国艺术史家斯卡格里亚（Gustina Scaglia）写了一篇叫作《北齐阙龛中的中亚人》的文章，讲述了中国河南安阳出土的一个石棺床，得出的结论是，来自中亚地区粟特人的形象出现在中原大地的石刻上。但这篇充满新意，甚至具有突破性的研究，很长时间没有引起人们的关注。到了 20 世纪 90 年代，日本弥贺（Miho）博物馆收藏了另一具石棺床，上面的画像也表现了粟特文化和祆教内容，引起国内外学界的极大重视。可惜的是，这件石棺床是真是假争论不休，真伪疑云不散，学术研究当然无法展开。外国人为什么要移居中国？祆教的圣火是否曾在中国燃烧？异域的宗教神话如何流传？东西方文化怎样交融？就在学界被这些问题困扰之时，1999 年，山西太原隋代虞弘墓踏着历史浓重的脚步悄然而来。

这是一个非同寻常的发现，它使逐渐平静的历史重新喧嚣，几乎被人遗忘的往事再次浮现。作为当年的“十大考古新发现”和稍后评出的“20世纪百大考古重要发现”之一，新闻报道被译成多种文字，国内外专家学者慕名而来，有人形容虞弘墓引发了学界的一场地震。中国发现的古墓成千上万，为什么虞弘墓会引起世界性的轰动？因为墓主人叫虞弘，是旅居中土的外国人。墓中出土了汉白玉石椁，椁上既有浮雕，又有绘画，鎏金彩绘，精美异常；内容又十分奇特，宴饮乐舞、火坛祭祀、骑射搏斗……在以往的遗物中不常见。浓厚的异国风情穿越历史时空奔涌而来，很快在国内外掀起了研究祆教和中外美术交流的热潮。

如今，《太原隋虞弘墓》已经出版，学术著作科学严谨，却难免枯燥深奥，如果能让更多的人与考古学家一同领略古代文化的风采，探索神秘的历史，应该有本科普读物。谁来完成这件十分有意义的事？张庆捷先生最合适不过。他是这一重大发掘的参与者、组织者。他发表过很多学术论文，有关虞弘墓的研究在国内外影响最大。他有学者独特的视角。

不过，用轻巧流畅的文字述说一个沉重的话题并非易事。然而，张庆捷先生的笔下，人们生疏的袄教、鱼国、柔然、波斯、粟特、吐谷浑、萨宝鲜活了，学术报告中无意隐藏的墓里墓外故事被首次披露，考古队员在严酷的暑热中的工作被展现，还有趣闻轶事的生动介绍……在娓娓解读中，把复杂的问题简单化、抽象的问题具体化，具有这种化解功夫大概就叫作大手笔做小文章吧！阅读这本书，读者可以作为娱乐，也可以为了获得准确的知识，如果从字缝里悟出隐含着的高深学术更好。

古代社会的丰富多彩远远超出人们贫乏的想象，我们可以确知的历史很少。很多人以为，考古发现会揭开过去的迷雾，填补历史空白，冰释千古之疑。不错，虞弘墓就透露了一个以前并不知道的神秘的古代小国，首次以实物证明了萨宝和袄教圣火的关系。但考古发现更具魅力的，是随之而来的新的一连串的疑问。至今虞弘墓仍似一部天书，读懂它异常艰难。

面对那些绚丽的图像，还难以对每个画面给予准确的解读，甚至还不能判断出画面中哪些是神、哪些是人，人物与墓主人有多大关系，图中那些舞蹈、搏斗要表现什么，一个个画面之间有无联系。虞弘墓挣脱了千年积土的重压重见天日，然而面纱揭开了，看到的却更加神秘！

张庆捷先生经历了发掘的艰辛，体会了成功的喜悦，正握着开启地宫的钥匙，四处寻求解开图像境界的大门，进入那神秘的世界。他在这条充满梦想、充满传奇、充满艰辛之路上走了很久，走得很远。如今，他不光在书斋中与几位知音交流，甚至自言自语；他更把自己的甜酸苦辣，化作轻松的文字，与更多的人分享，用深厚的见识描述一个迷雾重重的遗迹。目前的中国，考古正引起人们越来越浓厚的兴趣，各类探幽揭秘式的书成为一大景观，其中不乏危言耸听、炫奇呈异者。而作为专业考古学者的张庆捷先生，提供的是一部负责任的、通俗而不庸俗的读物。书中不仅告诉人们虞弘墓中有什么、是什么、为什么，还尽量提出线索，提供充分的背景知识，为后继研究做学术铺垫。

汉唐经济繁荣，文化璀璨，使远人来归，四方朝拜，投射的波长最远的是文化之光。历史的经验教训由考古学家来解读是责任。考古学家应该是沟通“现代人”与“古代人”对话的专职人员，是“哑巴文物”的语言翻译者。张庆捷先生的这本书做的正是这件事。作为一个熟知这个领域的同行，我一口气读完书稿，然后浮现在脑海中的却是虞弘墓石刻图像中的一幅饮酒图，回味阅读的愉悦，竟然感到像痛饮美酒，有些醉意朦胧。

齐东方

（作者单位：北京大学考古文博学院）

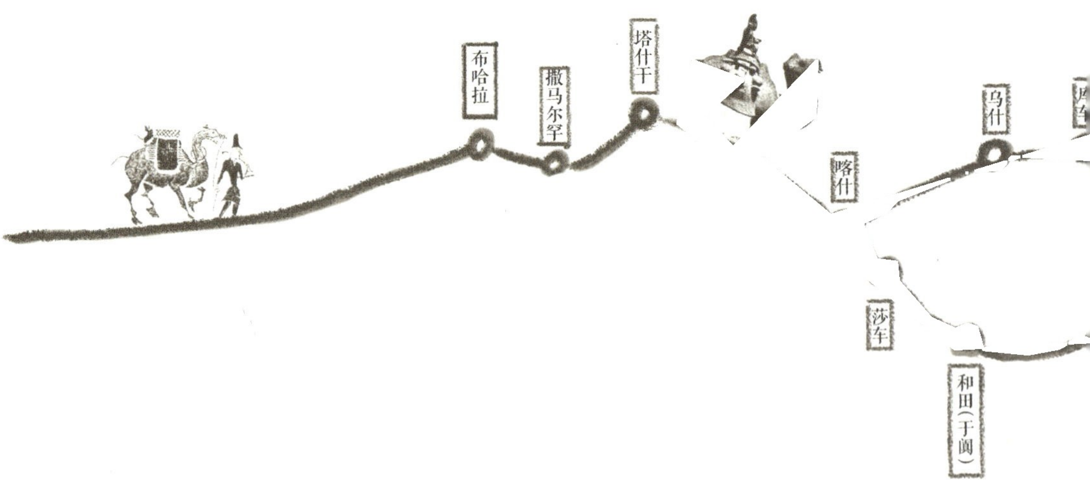
乌什
喀什
塔什干
撒马尔罕
布哈拉
莎车
和田（于阗）

目录

◎虞弘墓序曲

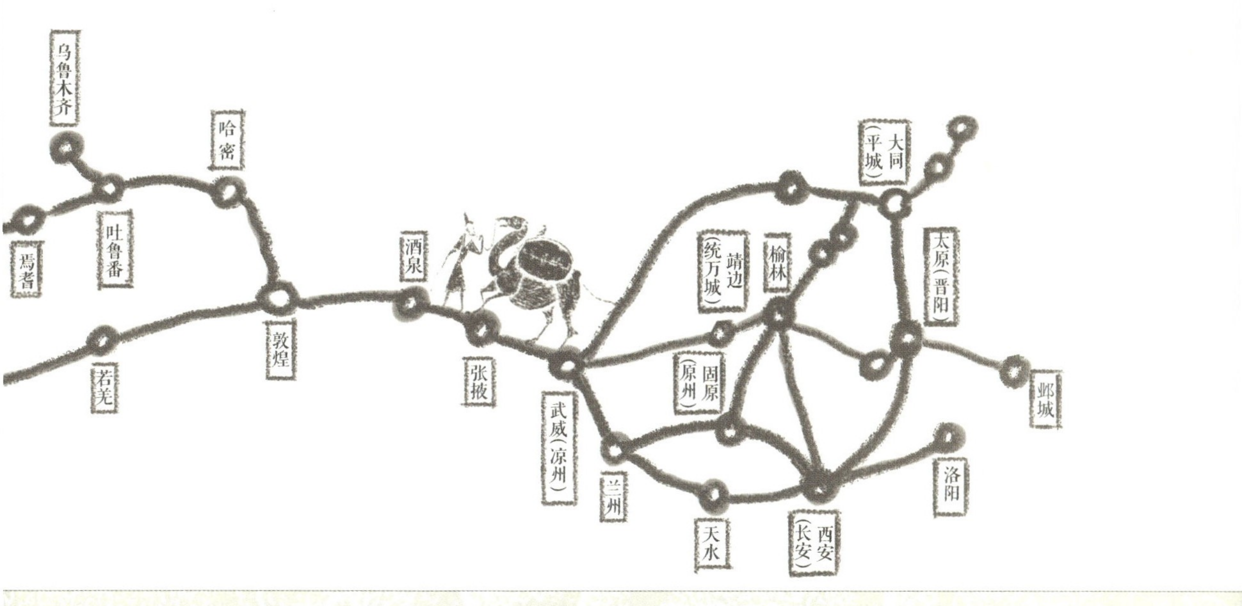

乌鲁木齐
哈密
吐鲁番
焉耆
若羌
敦煌
酒泉
张掖
武威（凉州）
兰州
天水
固原（原州）
靖边（统万城）
榆林
大同（平城）
太原（晋阳）
邺城
洛阳
西安（长安）

晋阳

并州

鱼国

粟特

柔然

祆教

萨保

波斯

虞弘墓序曲

古代粟特人墓葬惊现太原

丝绸之路与中古山西

长眠在山西的粟特人

解读虞弘墓

Interpretation of Yu Hong's Tomb

古代粟特人墓葬惊现太原

| 虞 | 弘 | 墓 | 序 | 曲 |

石破天惊的发现

中国是世界上历史发展脉络最清晰的国家，“二十四史”记述了数千年历代王朝之兴盛衰亡，堪称独一无二。尽管如此，我们对历史的了解常常似雾里看花，不过看到一个大概的轮廓而已。对于深入研究历史的人来说，重重迷雾依然笼罩着古代社会的各个方面。

然而，一批重要的考古资料，往往会撕开古代社会的冰山一角，让我们能够见识甚至还原历史的本来面目。穿越历史，我们感觉到的何止是历史的深不可测呢？中华文化的博大精深也如滚滚河流奔腾而来。可以说，太原隋代虞弘墓的发现，就使得诸多重要历史信息穿过千年的时空展现出来。

丝绸之路，横跨亚欧，是一条曾为东西文化、物资交流做出卓越贡献的路，也是一条充满梦想、充满传奇的神秘之路。

2000 年 5 月，首都北京，数十名专家经过认真评比，评出“1999 年十大考古新发现”，太原隋代虞弘墓赫然列于其中，格外醒目。2001 年春，也是在北京，全国百余位考古专家经过通信评选和最后评选程序，评出“20 世纪百大考古重要发现”，其中也有太原隋代虞弘墓。

虞弘墓，一个小小的墓葬，从此在国内外声名鹊起。

虞弘墓，一个面积只有十几平方米的小墓，为何受到如此重视？它是怎么发现的？文化内涵又是什么？这还得从发现那年说起。

1999 年 7 月，北方进入盛夏季节，赤日炎炎，天气异常酷热。

太原晋源区的王郭村正在修路，无奈天公不作美，推土机推平路面之后还没来得及硬化，一场大雨从天而降，顷刻间，雨水汇聚成流，满地流淌。居住在村子东南角路边的村民王秋生满心喜悦，对大秋作物来讲，这真是一场及时雨，但转念一想，路没修完，还没修水渠，别让雨水浸泡了院墙，于是提锹出门，想在土路南边挖个小水渠，让雨水从路南流走。可是万万没有想到的是，没挖两下，便蹬不下去了，好像一块硬物死死地顶住了铁锹。他连换几个地方，依旧如此。王秋生好生奇怪，就把仅半锹深的路土铲去，一长段白色石头赫然露了出来。他忙大声呼叫媳妇来看，闻讯纷纷赶来的邻居们，左看右看却谁也看不明白。于是，人们七手八脚地顺着石头四缘挖开，一个汉白玉石屋顶便破土而出。再向四面扩挖后，用砖砌成的四道墙壁将汉白玉屋顶围在中间。村民们终于认出，这是一个墓顶已被破坏的古代砖室墓，但汉白玉究竟是什么东西，人们此时并不知道，有人甚至认为是墓里的一个石桌。

这片名叫“石猪窝”的地方，原来曾是一处荒丘墓地，20 世纪 70 年代开荒地为农田时，就经常挖出古墓。前几年村民修建新房，也不时有古墓被发现。这座古墓，应当是该地古墓群中的一座。然而，按村里的传统习俗，农历五月不动墓，于是他们商量着先看住，等过了五月再说。这是 1999 年 7 月 8 日的事。

7 月 9 日，在王郭村指导修路的区城建委主任武春晖得悉王郭村村民发现了古墓，便立即通知晋源区文物旅游局。晋源区文物旅游局局长张兴民、副局长李爱国闻讯后，马上率李爱民等人赶到古墓现场，当机立断组织人员进行保护，并将此事上报省市有关部门。隋代虞弘墓便踏着历史沉重的脚步向我们缓缓而来。

虞弘墓位于太原盆地晋源区王郭村村南一条东西向的土路上，路宽 4 米，路北边紧邻着村民的住房，路南皆为玉米地。

太原盆地位于山西中部，左为太行山脉，右为吕梁山脉，中间是平原，北高南低，黄河第二大支流汾河由北而南蜿蜒贯穿其间。此盆地西端，有蒙山、天龙山、悬瓮山等一连串属吕梁山脉的小山，其山上山下散布着许多古代遗迹，尤其以战国、北朝和隋唐时期的遗迹居多。如创建于春秋，盛于北齐、隋唐、五代的古晋阳城遗址和北朝已负盛名的晋祠，始建于北齐的天龙山石窟、童子寺、开化寺、西山大佛等。此外，从春秋至唐、五代的墓葬经发掘的已不下数百座，部分随葬品中还偶尔有来自西域或反映西域生活情景的器物。

王郭村是一个有5000人的大村，东经112°25.6′，北纬37°40.6′，海拔高度约800米。该村原先面积较小，近年随着村庄的发展，才扩到目前的位置。该村北距晋祠镇约3公里，距唐代晋阳城遗址约5公里，距太原市中心约25公里；向东不到3公里，就是汾河；村西3公里，即为悬瓮山脚下的青阳河和牛家口，悬瓮山由晋祠一直向南延伸至这一带；村南基本上是平原，南边最近的村为张村，距离仅有1公里多。地势西高东低，由于历史上多年山水的流漫以及汾河的涨落，这里的地层除上面一层厚约50厘米的耕土外，下面均为含沙量多、呈灰黑色的泥沙土。虞弘墓就建在这种泥沙土中（图一）。

距虞弘墓西南600米，原有北齐东安王娄睿墓，该墓于1979年开始钻探，次年正式发掘。据村民反映，在虞弘墓之南百余米处，地表上曾有体积较大的石猪、石羊、石狮等，修整土地时，被人埋入东面路边的土沟内。距此稍远的南边，还发现过距地表很浅的北齐墓葬。据虞弘墓志所载，墓西约3里，还有西周初晋国开国君主“唐叔虞”坟[1]（图二）。

虞弘墓序曲

图一 王郭村虞弘墓地

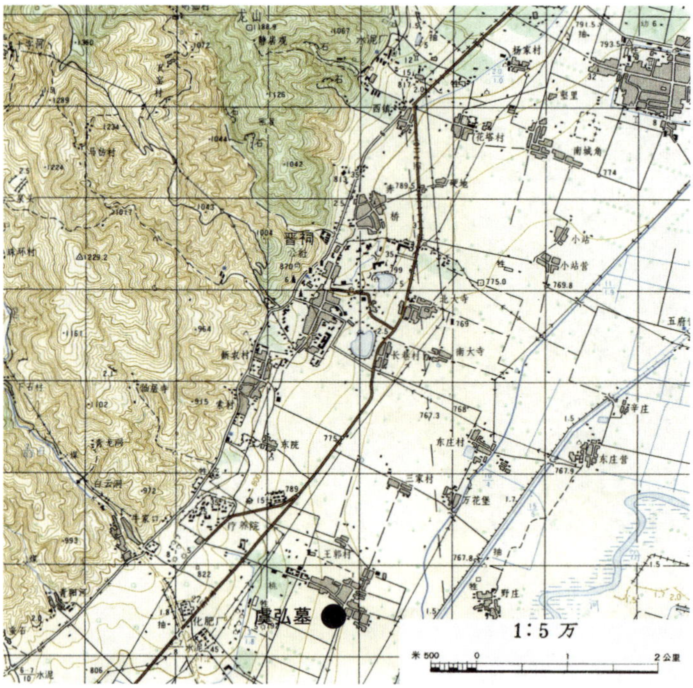

图二 虞弘墓位置示意图

虞弘墓发掘和保护工作的展开

根据省文物局的安排部署，由山西省考古研究所、太原市考古研究所和晋源区文物旅游局组成联合考古队，于 1999 年 7 月 13 日开始发掘虞弘墓。根据考古发掘程序，先去掉耕土层，找到墓坑和墓道。该墓室北面 半埋在路下，南面一半压在玉米地下，再南即是墓道。向南清理耕土时，发现一条东西向直径达 70 厘米的汾河引水管，这是四年前村里搞水利建设时铺设的，引水管距石堂南沿大约 50 厘米，铺设管道时曾经发现此墓，还拆掉许多墓门砖，但是当时谁也没注意到这是一个极有价值的古墓，居然在铺设完管道后，又将该墓回填。真是“无缘对面不相识”，机遇带着遗憾与之擦肩而过，使它又在地下沉睡了四年[2]。

发掘时正逢雨季，为避免雨水灌入墓室，影响考古发掘，破坏遗迹和文物，考古队员特意在墓室上搭起帐篷，派人日夜守护。这是一个热得令人难忘的夏季，白天骄阳如火，帐篷中犹如蒸笼，热气腾腾，气温远远高出外边。在严酷的暑热中，考古队员们汗流不断，李爱国、畅红霞、田进民、李建生、李爱民等队员都是光着膀子，脖子上搭条毛巾工作。晚上，外边凉风习习，帐篷里却更加憋闷，蚊虫肆虐，苦不堪言。幸运的是，村委会和村民们积极配合，有求必应，使清理工作得以顺利进行。

经过艰苦发掘，一个完整的汉白玉石堂终于摆脱了千年积土的重压，渐渐呈现到今人眼前（图三）。尤其是，该石堂内外雕绘着贴金彩绘人物图像，骑马的、骑骆驼的、骑象的，还有不少狩猎图、出行图和宴饮舞蹈图。更令人吃惊的是，石堂上近百位人物，个个深目高鼻，服装奇异，前所未见。

考古队员按捺住心中的惊奇，沉心静气，继续发掘。墓底的随葬品诸如汉白玉人物俑、砂石人物俑、墓志、汉白玉柱、汉白玉莲花座等也在考古队员的手下一一除去泥土，重见天日了（图四、五、六、七）。

地不爱宝，今人有幸。石堂的浮现，让所有考古队员又惊又喜。兴奋之余，忧虑接踵而至。如此珍贵的文物，保护工作成为比研究还重要的问题，而重中之重是如何保护彩绘色彩。石堂才露出一半，省局便向国家文物局有关领导报告该项发现，同时请调有关专家速到现场，制订保护方案。次日，中国文物保护研究所副所长黄克忠研究员和中国历史博物馆文保中心主任潘路研究员赶到现场。这两位著名的文物保护专家，带来许多保护药剂，多次试验，发现国内外流行的化学药剂，虽可以做到长久保护不褪色，理论寿命达到数百年，但是其弱点也不容忽视，这些化学药剂涂在汉白玉上后，由于化学反应，出现变色现象，雪白的汉白玉表层显现一层浅红色，不符合文物保护中“不改变颜色”的原则。那怎么办？省局文物处处长宁立新和省考古所所长张庆捷到山西省古建筑研究所拜访了几位古建专家，征求古建专家的意见后，决定采取古建筑壁画传统的色彩保护办法，即以胶矾水为主，配置一种不改变原有色彩的保护剂。

图二　静伏在地下的虞弘墓石堂

图四　石堂前面东部的随葬品

图五　石堂前面西部的随葬品

图六　石堂东侧的随葬品

图七　石堂西侧的随葬品

方案敲定，具体任务交给山西省古建筑研究所的郝启德先生，他从事古建筑壁画的保护工作数十年之久，积累了丰富的经验，但是对汉白玉表面色彩做保护还是初次。为保护好这批珍贵资料，他试验了无数次，才试制成一种比例最合适的保护试剂，实现了既不改变原来颜色，又能保证彩绘不掉的设想。

虞弘墓墓志的发现

考古发掘进行到中期，新问题接连出现，迷雾疑云，层层叠叠。这到底是什么人的墓葬？来自何处？葬于何时？这些问题，将考古队的注意力自然吸引到寻找墓志上。

再明白不过，虽然石堂图像价值无比珍贵，但仅有图像还远远不够，如果没有墓志，对图像的理解将倍加困难，必将阻碍研究的进展，甚至会走入误区。时至今日，大家回忆此事，依旧一致认为，若非墓志出现，图像上的神秘面纱将会更加厚重，至今也难揭示。

考古人都清楚，墓志相当重要，它不仅会告诉我们墓主人的身份和履历，也会告诉我们这些图像产生的基本背景，比如，我们因为读到墓志中关于虞弘“检校萨保府”（萨保同萨宝，为保持所引文献的原貌，萨宝和萨保不作统一）的经历，才看懂图像中火坛的宗教意义，找到了解读祆教图像的途径，首次以实物的形式证明了萨宝和祆教圣火的真正关系。总之，墓志与图像是相辅相成、互补有无的珍贵资料。

面对一幅幅陌生的、充满异国风情的石堂浮雕图案，墓志的重要性更加凸显。清理工作接近墓底时，大家都企盼自己“手气”好，第一个发现墓志。谁都明白，如果没有墓志，读懂图像异常艰难；如果发现墓志，应当会事半功倍，等于找到了开启图像境界的钥匙。

令人激动的时刻终于到来了。7 月 20 日上午 10 时 30 分，清理过程中，忽然在石堂前出现了一方墓志，经过辨识，是墓主人虞弘的墓志。工地上顿时欢喜雀跃，干劲倍增。真是好事成双，当天下午 5 点左右，又在石堂西侧发现了虞弘夫人的墓志。两方墓志均是细砂石质，有盖有志。虞弘墓志盖完整无缺，为盝斗形，长、宽均约 73 厘米，厚约 8 厘米，四周带杀，志盖顶中部先阳刻九个边长约 11 厘米的方格，再由右至左，由上至下，阳刻“大隋故仪同虞公墓志”九个篆字。四杀上阳刻忍冬和带叶莲花纹饰，盖侧四边另有细线刻的蔓草纹饰（图八）。

图八　虞弘墓志盖拓片

虞弘墓志长、宽均约 73 厘米，与志盖相同，厚约 7.5 厘米，右下侧缺一角。志面上先阴刻小方格，每格内阴刻一字，共 25 行，行 26 字，除右下角缺 25 字外，还存字 625 个（包括左边上部残缺严重的铭文），分志与铭两部分，志文基本为隶书，铭文为楷书，志文由右至左竖写（图九）。

果然如考古队员先前期望的，墓志内容向我们揭示了许多重要信息，并与石堂雕绘内容相互呼应，可以说，在某种意义上，是对雕绘图像的注解和说明。

据墓志记载，男主人姓虞名弘，字莫潘，鱼国尉纥驎城人，曾奉茹茹国王之命，出使波斯、吐谷浑和安息、月支等国，后出使北齐，随后便在北齐、北周和隋为官，在北周一度“迁领并、代、介三州乡团，检校萨保府。开皇转仪同三司，敕领左帐内，镇押并部”[3]，死于隋开皇十二年，即公元 592 年。

墓志中所载墓主的国籍鱼国，是一个史书失载的古国。志中记载了虞弘一家三代人的概况，透过他们的职务变迁，可窥测古代民族之间的往来与交融。志中还有许多史书少见的内容，对研究柔然的职官、外交及与北魏的关系，对研究北朝的民族政策等，都有很大价值。

墓志中有两处较为特殊，反复观察，可以肯定这两处是被改刻的。为什么要改刻呢？说明这两处很重要，不改不行。更令人惊讶的是，这两处经过改刻的字，同为“鱼国”的“鱼”字处，一处为“鱼国尉纥驎城人也”，一处为“鱼国领民酋长”。仔细观察这两个“鱼”字处，明

虞弘墓序曲

图九 虞弘墓志拓片

显比其他处低凹，色泽也不一样，用手指触摸，感觉更明显（图一〇）。

可以肯定，这两处都是改刻的，原先所刻二字肯定不是现在的“鱼”字，而是其他字，墓志刻成后，主家发现不妥，又将原先所刻之字凿去，重新刻上现在的“鱼”字。原先是什么字呢？妄自揣测，可能是“虞”字。主家改刻的用意，估计是想在墓志上恢复本来的国名。

虞弘既然是鱼国人，按照姓随国名的规律，虞弘原来的姓名应该是“鱼弘”。因此宿白先生读罢虞弘墓志，提笔写下“鱼弘”二字。“鱼弘”为什么要改为“虞弘”？死后墓志改正了国名，但墓志盖上为何仍然保留“虞公”？这和当时的政治有什么关系？新的问题蜂拥而来。

今天看来，主家的“一念之差”是非常关键的，如果没有这一次改动，我们看到的就是赝品“虞国”，而不是“鱼国”，就不会看到

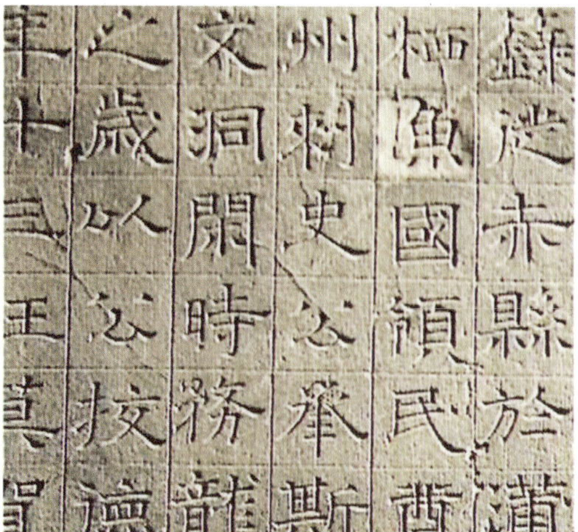

图一〇 墓志上“鱼”字明显系重刻

一个历史上真实存在的国家名称，甚至可能被导入歧途，使学界对鱼国地望的考证难上加难，事倍功半。

通过墓志上“鱼”“虞”改动之例，我们注意到《隋书·虞庆则传》的一段记载，该传云：虞庆则“本姓鱼，其先仕于赫连氏，遂家灵武，代为北边豪杰”。虞庆则“本姓鱼”，却将姓氏由“鱼”改为“虞”，其情况与虞弘相同，推析当时存在着一段现在不为人知的历史背景，在这种背景下，两人都将姓氏由“鱼”改为“虞”。

揭开虞弘墓的神秘面纱

7 月 26 日，墓葬清理工作结束，这座具有 1400 多年历史的隋代墓葬完全展现在人们面前（图一一）。

图一一　墓室和墓道

该墓为砖砌单室墓，由墓道、甬道、墓门、墓室几部分组成，总长13.65米。墓室顶部已被破坏，平面呈弧边方形。东西弧边中部长约3.9米，南北中部长约3.8米，墓壁厚0.34米，残高最高约1.73米，比墓室中部摆放的石堂顶部还低25厘米。墓壁略带弧形，砌法是三顺一丁，共四组。

葬具是一个汉白玉石堂，位于墓室中部偏北之处。石堂外观呈三开间、歇山顶式殿堂建筑，由底座、中部墙板和屋顶三大部分组成，总长约295厘米、宽约220厘米、高约200厘米，四周内外皆为雕绘。石堂下四周各垫两个兽头，兽头冲外，背上负着底座。尤为重要的是，在石堂正面、里面正壁和两侧壁及底座四周均有浮雕彩绘图案，表现出浓厚的粟特与波斯文化色彩。

如此精美宏丽的汉白玉石堂，尚属首见，直到今天，它依然以其唯一性占据独尊地位，它的文物价值与艺术价值都令人惊叹，难以用言词形容。

石堂内外有两副散乱腐朽的人骨，中国社会科学院考古研究所研究员、古人类鉴定专家韩康信专程来到太原，做了人骨鉴定（图一二）。经鉴定，两副人骨属一男一女，证明这是一个夫妻合葬墓。

由于男性人骨保存下来的只有2/3到3/4的骨骼，鉴定难度较大。鉴定结果出来后，确定死者去世时身高约1.67米，年龄在55岁左右。墓志记载墓主人虞弘下葬时59岁，与鉴定结果基本符合。同时，根据头骨残片，判断他眉弓不突出，眶型不高。典型的蒙古人种特征则

图一二 考古队在讨论头骨

是高眶型，具有倾斜的眶上缘。墓中残损过重的骨骼保留的信息太少，难以对虞弘的种属作精确的判断。

为了弥补依靠骨骼鉴定虞弘种族来源资料不足的缺憾，韩康信又仔细对雕绘中60个人物的面貌特征作了观察，并且拍照绘图，详细记录。

雕像中的头发、衣服等颜色都很清晰，人物均是黑发。男性发型则有三类，一种为平梳的短发，一种为波形长发，还有少数几个为长披发。图像中人物的鼻子特征最为鲜明，全部是狭长高耸的形状，嘴唇较薄，前额丰满突出，面颊偏长。

对比各人种面部特征，虞弘墓图像中人物种群特征接近印度—地中海种群。印度—地中海种群主要分布于伊朗高原、阿拉伯半岛、小亚细亚及印度、非洲北部等广大地区，其中以地中海地区最具代表性[4]。

骨骼鉴定全部结束后，考古队又两次选送人骨到吉林大学，请朱鸿教授率人做了基因分析。

出土随葬品除石堂外，还有墓志、瓷碗残片、石俑、八棱彩绘雕刻柱、莲花底座、陶俑残片、铜钱、门楣等，共计 100 余件（图一三、一四、一五、一六 、一七）。

墓志所载墓主人虞弘的原籍鱼国，在“二十四史”不见记载。它到底位于地球什么位置？笔者请教过许多中外专家，包括俄罗斯中亚考古权威，都没有具体肯定的答复。显然，这是一个现代人以前并不知道的神秘王国。它的问世，为古代史研究填补了一个空白，却也提出一连串疑问。然而，有一点是可以肯定的，从石堂图像反映的文化背景看，与此一系列图像相符合的国度，应当是在中亚至西亚之间，也就是说，在丝绸之路的某个地方。

出土随葬人物俑分汉白玉和砂石两种石质，共 16 件，可分侍从俑、伎乐俑和拄剑俑三种类型[5]。

脚踏莲花座的伎乐俑和拄剑文吏俑以前未曾出土。莲花是佛教中最圣洁的花，也是祆教中圣洁的花，伎乐者脚踏莲花，透露出宗教文

图一三 虞弘墓出土的男性粟特人石俑

图一四 虞弘墓出土的女性粟特人石俑

图一五 发掘结束后吊运石堂

化对这种葬俗的影响。

这些俑和墓志固然很有价值，然而令参观者和研究者目光所及，震撼心灵的，并不是这些俑，也不是那雄宏的仿汉族宫殿的汉白玉石堂，而是那些雕绘在石堂内外、色彩缤纷、完全是西域情调的画面，是画面中所展示的波斯与中亚文化色彩、祆教内容等。这些内容对研究丝绸之路与古代东西文化交流有着极为重要的意义，也表明，古代晋阳是丝绸之路东段的重要城市[6]。

在那段日子里，省考古所负责工地发掘，晋源区文物局局长张兴民、副局长李爱国除参加工地发掘外，还负责工地后勤工作以及与村民协调等事，忙里又忙外，白天在工地上，晚上还要安排值班保护。遇到人手紧张，调不过来，两人干脆直接顶班上岗。发掘现场紧张有序，每天夜幕降临，考古队员才离开工地。

面对石堂图案，考古队员和来视察的专家、领导在惊喜之余，深深地感到，尽管今人做了很多工作，已经把历史编成小说、剧本，或电影、电视，但是我们对古代社会的了解还远远不够。这次虞弘墓的发掘再一次证明，我们已知道的历史远少于我们未知的历史，古代社会之丰富多彩，远远超出我们贫乏、狭隘的想象，以至于面对这批绚丽的图像，无人能够准确清晰地解读。

画面所反映的究竟是什么意思，似懂非懂，扑朔迷离，至今还难以准确解读，因为我们还无法清晰地说明每幅画的文化背景和宗教背

图一六 虞弘墓石堂图像

图一七 石堂底部的狮头座垫

景，甚至还不能判断出画面中哪些是神，哪些是人，人与神的区别是什么，图中那些舞蹈与宗教、生活、丰收有无关系，那一幅幅画面想表明什么，与墓主人有多大关系。

目前，根据前人积累的研究成果，从图中人物形象与文化因素看，应当与（粟特）鱼国、波斯、突厥（或柔然）和印度有关；从图案反映的文化地域方位分析，图案中所见文化界域，应在中亚至西亚之间。2001 年，纽约大都会博物馆特地邀请俄罗斯著名中亚考古学家马尔沙克夫妇前来太原，专门考察虞弘墓石堂。

马尔沙克仔细观察后，在座谈会上发表意见，认为画面反映的至少与五个国家或地区有关，包括波斯、印度、阿拉伯、突厥和（粟特）鱼国[7]。

通过长期反复的观察，我们对图案有了一些初步认识，即图案中飘带、系带鸟、系带马、长帔等频繁出现，与波斯图像中所见接近，超过古代中亚两河流域图像中的使用程度。尤其是人物脑后的飘带，英雄式的人物纪念图像风格，多见于波斯萨珊王朝诸王图像，其他地区不见或少见，反映出墓中图案有西域许多国家的背景，但与萨珊王朝的关系最为密切。之所以如此，似乎与虞弘在波斯长期生活过的经历有一定联系，似乎也透露了鱼国和波斯地缘文化的某些信息。

从图案反映的民族特色考察，图像内容体现的是西域文化风情，应当与墓主及其本民族的生活有关。有的显然是宗教信仰的反映，如石堂底座正壁图案中的圣火坛和祭司，就是其民族信仰拜火教的写照。

拜火教原先称为琐罗亚斯德教，是公元前1000年左右起源于伊朗古代文明的一种宗教，根本经典是《阿维斯托》，崇拜火，供奉火，把火分成许多种类，除最重要的胜利之火外，还崇奉三大圣火，即祭祀之火、战士之火和农业之火。该教徒又自称为“马兹达教”，最高神是阿胡拉马兹达。拜火教在西亚和中亚流行了一千多年，随着丝绸之路的开通与商贸的兴盛，也由商人传到中国，虞弘墓的这幅画就是明证。

有学者考证，该教大约于三国时代传入中国[8]。还有学者认为，拜火教及萨宝（萨保）传入中国的具体时间，至晚在公元四世纪初叶，即西晋后期[9]。北朝以来，国史称之为天神、火神、胡天神[10]，如《魏书》卷一〇一记载："高昌国俗事天神。"[11]该教在中国被称为祆教，是唐代才出现的。"祆"字首见于唐代杜佑的《通典》，其文引杜环《经行记》所载："康国在米国西南三百余里，一名萨末建，土沃人富，国小，有神祠名祆。"除此之外，唐代还有一些相关记载。

虞弘墓的发掘工作还未结束，山西省文物局便及时向国家文物局作了汇报，并指出其与波斯文化密切关联。国家文物局领导和许多专家随即前来检查、指导（图一八、一九）。

面对出土器物，所有人都兴奋不已，发出由衷赞叹，并对下一步的保护和科研作了重要指示。新华社也在该墓发现不久，便在大内参上作了报导，上报国家领导层。从虞弘墓发现至今，参观者络绎不绝，美国、俄罗斯、日本、英国、德国、法国、韩国等国的许多学者和专家均慕名而来。该墓出土文物也多次远赴美国、日本、澳大利亚等地展出，研究文章也被伊朗、英国、美国等国翻译或发表。

图一八 国家文物局局长张文彬视察时合影

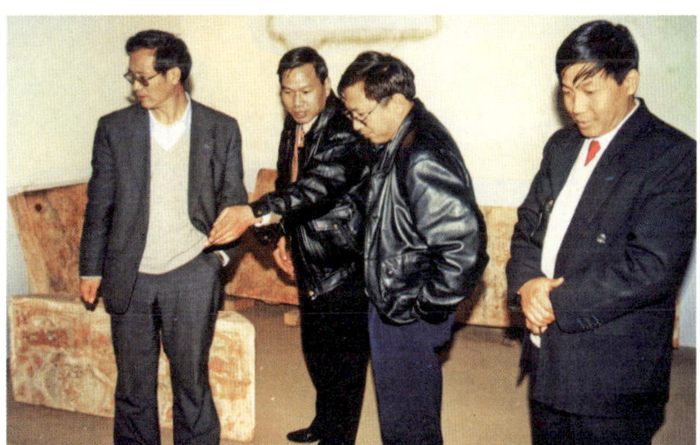

图一九 保护研究是发掘之后急需解决的问题

学界震动

北朝粟特人墓葬惊现太原市晋源区的消息不胫而走，迅速传开。宿白先生（图二〇）、徐苹芳先生、杨泓先生、孙机先生、姜伯勤先生（图二一）等学者接踵赶来，国外的学者也一批批来到太原。

一时间，虞弘墓吸引了世界的眼球。美国芝加哥大学著名教授巫鸿先生正拟与哈佛大学、北京大学、中国社科院考古研究所、中央美术学院在北京大学于2000年联合召开“汉唐之间东西方的文化互动”国际会议，听到虞弘墓发现的消息后，立即联系，将虞弘墓的发现列为本次会议的主要内容，并且将虞弘墓石堂图案作为会议海报图案。开会时，原定会址是北大勺园宾馆会议室，不料当时会议室内外除正式代表外，还挤满了各系来听会的教授和学生，走廊里的人听不到发言，看不到投影，意见很大，以至于会议刚开，就不得不临时休会，将会场调整到北大新建好的国际会议中心。

牛津大学冒顿学院以东方学闻名于世，院长罗森教授以前在大英博物馆工作，是著名的中国文物专家，也是这次会议的正式代表。虞弘墓石堂图像给她留下深刻印象，会后，她利用到日本出差之机，专门收集了一些与虞弘墓有关的波斯图像。一个月后，她与虞弘墓课题负责人张庆捷同在北京参加一个会议，她将在日本收集到的资料送给张庆捷，并向国家文物局有关领导推荐，说该批资料太珍贵了，应该

图二〇 宿白先生检查工地并为虞弘墓发现题词

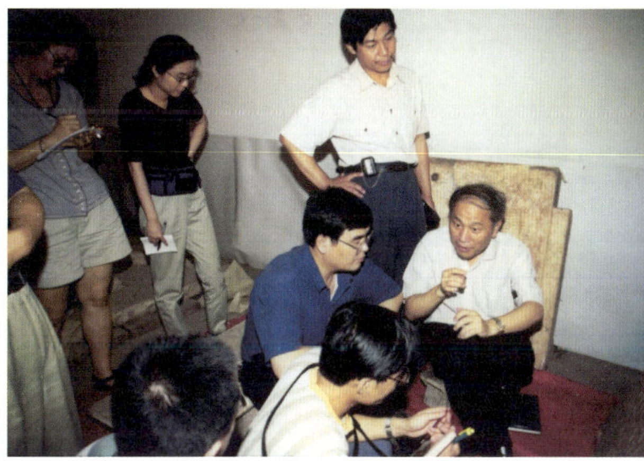

图二一 姜伯勤先生与考古队讨论

让全世界的人都知道。

纽约大都会艺术博物馆是世界上最大的博物馆之一，也是第一流的博物馆。为了让美国人民了解中国源远流长的文化，该馆有关人员耗时七年，筹备了一个美国最大的中国文物展，名称为“走向盛唐”，意思是以繁荣开放为特点之一的大唐王朝，奠基于南北朝时期，与东西方文化、物贸的交流和民族融合有极大关系。这次展览，就是要以实物证据来重现、复原这个过程。听说虞弘墓后，该馆馆长菲利普·孟特伯勒先生、副馆长和亚洲部主任屈志仁先生以及何慕文先生、孙志新先生等，前后几批赶到太原，见到石堂，喜出望外，一致认为，赴美文物大展中，不能没有虞弘墓石堂。

此外，还有一个缘故，原来有人拟在大都会博物馆展出一件精美的石刻，是一个石棺床底座的一部分，上面满是图案，尽管那些图案的构思和风格令人拍案叫绝，然而非常遗憾的是，那些图案的内容和表现手法非常陌生，以往没有见过，甚至有人怀疑它的真实性。听说虞弘墓石堂的图案与此相近，大家都急于想通过对比早点知道那件石刻底座是否赝品。经过与虞弘墓图像的对比，两者的图案风格非常相近，也应与祆教有关。现在已经无人再怀疑那件石刻的真实性了，它的文物价值和美术价值都得到了充分肯定，那也是一件入华粟特人的石葬具构件，也是反映粟特艺术和生活的优秀艺术品。

虞弘墓石堂图像的价值有多大？从它源于西亚、中亚，与多个国家关系密切，又具有广博、深刻的文化内涵和艺术特点来看，其画面内容之丰富，艺术特点之独特，传播地域之宽广，全世界也极为罕见。作为古代东西方艺术交流之物证和杰出的艺术品，其价值目前还难以给予准确估计。

该石堂图像还有更重要的研究价值。众所周知，有关中亚古代文化的图像考古资料，即使在中亚也不多见。俄罗斯考古工作者在中亚两河流域的撒马尔罕和片治肯特发掘古代粟特人的遗址时，出土过残损严重的壁画，这些资料已经整理出版，引起学术界的极大重视。俄罗斯、日本、法国、英国、美国等国学者研究丝绸之路中亚段时，依据的图像考古资料主要是这几批。类似资料国内只有零星发现，主要在新疆、甘肃敦煌和其他省区。

太原隋代虞弘墓的图像资料与撒马尔罕和片治肯特等地的内容有许多不同。可以说，这是目前中国关于丝绸之路中亚段和波斯、中亚文化最丰富、集中的一批图像资料，完全可以与撒马尔罕和片治肯特的资料媲美，甚至有过之而无不及，因此它的意义非常重大。

古代丝绸之路和东西文化交流是国际学术界关注的热点，这一大批新资料极可能促使该热点升温，并再次把国际学术界东方学的视线引向中国，可以引深、拓展世界上关于丝绸之路和古代东西方文化、艺术交流的探讨。

以上两点业已成为现实。2000 年，西安史君墓石堂出土后，在《文物天地》作了报道，刊物编辑在随文介绍祆教资料时说：“直到

1999 年，中国的祆教画像石才开始被学界注意。太原隋虞弘墓祆教画像石墓的发现引起了学界的一场地震，被评为当年的中国十大考古新发现。”[12]

中国史书上有不少关于祆教的记载，但科学发掘的实物尚未发现。虞弘墓石堂上有祆教的图像，且有准确纪年的墓志，图像与志文资料吻合，可以补充史书记载的不足，对更深入地了解祆教的内容和流传过程，具有重要意义，因此一发现便受到学界各方面的高度关注。

在日、美、法、英、德等国博物馆，有一批中国流失出去的内容相似、时代相近的石葬具零散图像资料，国内外学者也都做过程度不同的研究。对这批图像资料的真伪，许多人抱怀疑态度，导致有的研究进退维谷，严重阻碍了研究的深入展开。笔者曾听一位美国教授说，在日本滋贺县 Miho 博物馆，有一件出自中国的石床榻，也有与虞弘墓类似的图像资料，她本拟深入研究这批资料，但由于周围许多学者怀疑那些资料的真实性，不相信在中国古代的石床榻上会出现完全反映粟特生活的图像资料，而且图像非常陌生，她担心研究结果不被学术界承认，始终未能放开手脚去研究这批资料，致使对这批资料的研究时断时续。如今虞弘墓图像的问世，提供了无可置疑的证明与新的内容，给她的研究注入新的动力。

诸如此类的情况还有一些。现在，虞弘墓的发现彻底改变了这一状况，一是虞弘墓是经过科学发掘的，无可怀疑；二是墓志上有准确纪年，时代明确；三是墓志上清楚记载虞弘乃鱼国人，地处西域；四是虞弘墓出土的石堂是完整的，图像齐全。有此四大优势，虞弘墓的问世，除可证明国外类似图像资料的真实性外，更为重要的是，还为这批流散国外时代不明的类似零散图像资料提供了断代标准。

中国古代文献中有许多关于入华粟特人及其活动的记载，但墓葬和墓志很少发现，反映其民族系列生活的图像更是少而又少。从这个角度讲，虞弘墓的发现，填补了这个空白，撩开了古代入华粟特人的神秘面纱，使人们对这些人在华活动的情况及中国古代的开放情况有了许多新的了解（图二二）。

图二二 考古队工作照

根据已掌握的材料，北朝、隋唐时代的对外开放和现在的对外开放相比，不论从规模、深度上说，还是从时间长久上说，都要遥遥领先。那次的对外开放，大量外国人和域外财物、文化涌入中国，开启了盛唐数百年的繁荣与文明。现代的对外开放，或许是历史的又一次轮回，也是给予中国的又一次机会，也必将引领同样的繁盛与崛起。虞弘墓的发现，正是古老文化给予我们的一种启迪和征兆。

虞弘墓发现后，引发一连串需要思考的问题，如：虞弘墓为什么出现在晋阳？他及其家族成员是如何在并州生活的？那是一个怎样的时代？这一系列问题将研究者的目光导向山西的历史、文化、地理环境及其与丝路的关系。

丝路的起源与发展阶段

丝绸之路是古代东西方商贸文化之路，其名称源自德国地理学家费迪南·冯·李希霍芬（Ferdinand von Richthofen）1877 年出版的《中国——亲历的旅行结果》（*China, Ergebnisse eigener Reisen*）一书中的“Seidenstrasse”（丝绸之路）一词[13]，特指汉代中国和中亚南部、西部以及印度之间的丝绸贸易为主的交通路线。它已经存在数千年，从产生到明清，其间或盛或衰，经历了几个发展阶段或时期。

丝绸之路是形象而贴切的名称。在古代世界，中国是最早开始种桑、养蚕、生产丝织品的国家。中国各地的考古材料显示，早在新石器时代，中国已开始蚕丝生产。1926 年，在山西夏县西阴村新石器文化遗存中，发现了人工切成的半个蚕茧[14]，鉴定并确认其是一种家蚕，为中国人在新石器时代已懂得养蚕抽丝提供了证据。1980 年，河北正定南杨庄仰韶文化遗址出土一枚陶蚕蛹，呈黄灰色，长 2 厘米，宽和高均为 0.8 厘米，基本上是长椭圆形。经北京大学试验室进行 C14 测定，该遗址年代为距今 5400 年左右[15]。另在浙江钱山漾新石器时代遗址曾发现绢片、丝带、丝线等大量的丝织物[16]。许多考古资料证明，早在新石器时代，我国已经养蚕、纺织。

到商周时期，丝织业更加进步。1953 年，在河南安阳大司空村东南发掘的晚商墓葬中出土 1 件蚕形玉，保存完整，呈扁圆长条形，白色，长 3.15 厘米，造型生动逼真[17]。晚商时期的殷墟妇好墓中，出土铜器附有丝织品纹饰痕迹[18]。商代甲骨文中，也出现桑、蚕、丝、帛等字。后世文献中，也记载商代有桑林，如《墨子》《荀子》都记载商朝初年，商汤祷于桑林的传说。成书于战国末年的《吕氏春秋》，对此事有详细记载，“昔者汤克夏而正天下，天大旱，五年不收，汤乃以身祷于桑林”。桑林，指的就是喂养蚕的桑林，说明商周时期，丝织业已成为重要的家庭副业。

丝绸之路当肇始于商周时期。关于这个问题，许多学者已经作过探讨，最近依然有中外学者根据新出土考古资料加以论证。如牛津大学的罗森教授根据山西曲沃晋侯墓、西安张家坡周墓以及其他两周墓葬中发现的红玛瑙珠饰、动物塑像和带有异域风格的器物，认为“在公元前 10 到 9 世纪，伊朗高原和统治现今北方地区的强大周王朝之间可能存在交流”[19]。德国考古学家在德国南部的斯图加特市的霍克杜夫村发掘了一座公元 500 年的墓葬，发现墓中人体骨骼上有中国丝绸衣服的残片[20]。2002 年，笔者在北大听过一个法国考古队有关中亚考古的报告，称中亚公元前的墓葬中，曾出土汉代的铜镜和丝织品。在中亚五国的博物馆，也常见到中国的铜钱等。公元前后的西方历史文学作品，也屡次提到中国丝绸。这些都说明远在秦汉或更早，中国同西域各国已有丝绸贸易和其他商品往来，有的甚至远销罗马。

古代丝绸之路的形成、发展经历了一个漫长的时期，如果我们给丝绸之路做一个分期，根据其特点，大致可以分为四个时期。

第一期，即丝绸之路发端时期，时间从商周至秦。该时期的特点是丝路交易在东西方展开，丝绸已经输往西方，西方的珠宝、玉石和冶金术[21]等已传到中国，但是没有出现直接贸易的大商团，似乎东西方之间的贸易是不同地域依次分段递进展开的。

第二期，即陆地丝绸之路正式形成时期，时间是两汉魏晋，以张骞通西域作为标志，东西方政府之间建立正式外交关系。汉武帝刘彻为打击匈奴，派遣张骞前往西域联络大月氏。建元二年（前 139），张骞带一百多随从由长安出发，这是古代中国政府派往西域的第一个使团。途中，张骞等人被匈奴俘虏，遭到长达十余年的软禁。他们逃脱后历尽艰辛继续西行，先后到达大宛、大月氏、大夏等国，史书上把张骞的首次西行誉为“凿空”。公元前119年，张骞第二次出使西域，经四年时间，他和他的副使先后到达乌孙、大宛、康居、大月氏、大夏、安息、身毒等国。经过两次西域之行，东西方政府之间开始了较大规模的直接贸易，丝绸作为大宗商品外销至西域诸国，出现大商团，政府人员互相来往，文化也开始交流，导致佛教传入中国。该时期另一个亮点是，海上丝绸之路出现。

第三期，即丝绸之路大发展时期，时间是北魏至唐、五代，特点是再次开通陆上丝路，大量胡商和胡人涌入中国，他们在中国的贸易活动及其带来的文化，对中国产生了很大影响，交流的深度和广度远远超过汉魏时期。如北魏迁都洛阳后，据《洛阳伽蓝记》卷三记载：“自葱岭已西，至于大秦，百国千城，莫不欢附。商胡贩客，日奔塞下，所谓尽天地之区已。乐中国土风因而宅者，不可胜数。是以附化之民，万有余家。门巷修整，阊阖填列。青槐荫陌，绿柳垂庭。天下难得之货，咸悉在焉。别立市于洛水南，号曰四通市，民间谓永桥市。”唐代，田神功兵陷扬州，“商胡波斯被杀者数千人”。唐、五代时期，山西、河北诸省的胡人数量更多，特别是在军队中，出现大量胡人。

该时期，丝绸之路发展的标志还有草原丝绸之路出现，海上丝绸之路正式形成，外销商品除丝绸之外，瓷器、茶叶等商品所占比重越来越重，经由海上远销西亚、欧洲。1998年，德国打捞公司在印尼勿里洞岛海域发现一艘唐代阿拉伯沉船黑石号，打捞上来后，现存商品最多者为瓷器，达6万余件，证明大量唐代货物被销往阿拉伯等地。另外，丝路东延也以中国为中心，将西域商品、文化传到朝鲜半岛和日本。

第四期，即宋至清末，丝绸之路的规模小于唐代。由于航海技术的发展，海上丝绸之路开始超过陆地丝绸之路，出现了广州、泉州、扬州等大港口，丝路重心由陆地转移到大海，但是沙漠丝路一直存在，或盛或衰，从未间断。在此时期，草原丝绸之路开始兴盛，晋商、徽商相当活跃。

限于精力，本文着重围绕汉唐沙漠丝绸之路展开叙述。

【注释】

[1] 唐代李林甫《元和郡县志》内也有如此记载，但根据至今为止的考古资料来看，此说并不可靠。

[2] 张庆捷，常一民，李爱国，等．内陆不封闭　太原洋人多——虞弘墓展示中西亚风情．中国国家地理，2002(8).

[3] 山西省考古研究所，太原市考古研究所，晋源区文物旅游局．太原隋代虞弘墓清理简报．文物，2001(1).
张庆捷．《虞弘墓志》中的几个问题．文物，2001(1).

[4] 韩康信．鱼弘墓人骨鉴定//太原隋代虞弘墓发掘报告．北京：文物出版社，2004.
韩康信，张庆捷．鱼弘墓石椁雕刻人物的种族特征//太原隋代虞弘墓发掘报告．北京：文物出版社，2004.

[5] 山西省考古研究所，太原市考古研究所，晋源区文物旅游局．太原隋代虞弘墓清理简报．文物，2001(1).

[6] 张庆捷．太原隋代虞弘墓石椁浮雕的初步考察//巫鸿．汉唐之间文化艺术的互动与交融．北京：文物出版社，2001.

[7] 关于虞弘墓石堂图像包含的文化因素，学界初步认定的有三个：粟特、波斯、印度。另从墓主人是鱼国人考虑，不能没有鱼国的因素，只是它与粟特和波斯文化比较接近，不易辨认。2003年，俄罗斯考古学家马尔沙克又指出，虞弘墓石堂第一部分图像中还有阿拉伯因素，具体表现在那幅猎人饰有头光，颈后飘带飞扬，跪骑在骆驼背上与两头狮子搏斗的图像上，但没有看到有关文章。不论如何，马尔沙克的观点都值得我们重视。

[8] 王素．魏晋南北朝火祆教钩沉．中华文史论丛，1985(2).

[9] 荣新江．祆教初传中国年代考．国学研究(第三卷)．北京：北京大学出版社，1995.

[10] 陈垣．火祆教入中国考//陈垣学术论文集(第一集)．北京：中华书局，1980.
林悟殊．波斯拜火教与古代中国．台北：新文丰出版公司，1994.

[11] 魏书．北京：中华书局，1974.

[12] 杨军凯．关于祆教的第三次重大发现——西安北周萨保史君墓．文物天地，2003(11):29.

[13] 王冀青．关于“丝绸之路”一词的词源．敦煌学辑刊，2015(2).

[14] 李济．西阴村史前遗存．清华研究院第三种，1927.

[15] 郭郛．从河北省正定南杨庄出土的陶蚕蛹试论我国家蚕的起源问题．农业考古，1987(1).

[16] 浙江省博物馆．吴兴钱山漾遗址第一、二次发掘报告．考古学报，1960(2).

[17] 马得志，周永珍，张云鹏．一九五三年安阳大司空村发掘报告．考古学报，1955(1).

[18] 中国社会科学研究院考古研究所．殷墟妇好墓．北京：文物出版社，1980:17-18.

[19] 杰西卡・罗森．红玛瑙珠、动物塑像和带有异域风格的器物——公元前1000—前650年前后周及其封国与亚洲内陆的交流迹象//杰西卡・罗森．祖先与永恒．生活・读书・新知三联书店，2011:397.

[20] 杜石然．中国科学技术史稿(上册)．北京：科学出版社，1982:229.

[21] 王巍．考古勾勒出的汉前丝绸之路．光明日报，2013-12-14:1.

丝绸之路与中古山西

|虞|弘|墓|序|曲|

黄河中游的并州

黄河是中国北方第一大河，流经九省市，注入大海。中国历史上，特别是进入文明社会以来，大多数朝代的都城，都位于黄河流域，所以有学者从这个角度讲，认为黄河孕育了灿烂辉煌的中国文化。

黄河分为上游、中游、下游地区，中国大多数统一王朝的都城，多建立在黄河流域的中游地区。黄河中下游地区又是中国较早的文明社会和农耕区，有着连绵不绝的上古时期的文化遗迹，还有丰富的神话故事与传说。中国自古以农业立国，指导农业生产的二十四节气就产生于黄河流域，所以又有学者据此说黄河中下游流域是中国文化的摇篮（图二三）。

图一三　黄河雄姿

其实，长江流域也是中华文明产生、发展的重要地区。考古发现表明，河姆渡文化、良渚文化、四川成都平原的三星堆和金沙滩等遗址，均蕴含着很高的社会生产力水平和文化水平。不得不在事实面前承认，长江流域也是中国文明起源的重要发源地。甚至北方的红山文化，它的丰富内涵同样证明了上述观点。这揭示出一个道理，中国从北方到南方，都是中华文明的发源地。

黄河流域只是中华文明产生的重要地区之一，不过在进入文明社会以后，黄河流域由于是政治、文化中心，显得更引人注目罢了。

黄河，一条切穿黄土高原、穿越千山万岭的河流，一条日夜奔腾、汹涌向前的河流，一条创造了世界上最伟大历史文化的河流。

中国人没有系统的宗教，最崇拜天地，祭天在泰山，祭地在黄河，后土祠就位于黄河之滨。

古往今来，歌颂黄河的文人骚客，有关黄河的诗词文赋，不计其数。

山西位于中国的中北部，黄河流域中游，黄土高原的东部，北接内蒙古草原。其形状像一个枣核，南北长，东西窄，正如歌词唱到的“左手一指太行山，右手一指是吕梁”，中间是由北到南的几个盆地。

山西大部分地区古称并州。远古天下分九州，并州属冀州，后从冀州分出，单列为并州。

《晋书·地理志》："并州，案《禹贡》盖冀州之域，舜置十二牧，则其一也。《周礼》：正北曰并州，其镇曰恒山。《春秋元命苞》云：'营室流为并州，分为卫国。'州不以卫水为号，又不以恒山为称，而云并者，盖以其在两谷之间也。汉武帝置十三州，并州依旧未改名，统上党、太原、云中、上郡、雁门、代郡、定襄、五原、西河、朔方十郡，又别置朔方刺史。后汉建武十一年，省朔方入并州。"并州界域历代不同，基本上以晋阳为中心，范围或大或小。

自远古以来，山西一直是人类生产活动、繁衍生息的重要地区，是当之无愧的中华文明的发祥地之一。在这方热土上，至今留存着难以计数和难以估价的古代文化遗址、遗迹与遗物。尧、舜、禹三位圣君均生活在这里，自古有尧都平阳、舜都蒲坂、禹都安邑的传说。

周成王"桐叶封弟"，晋国建立，春秋五霸，晋为其一，独步北方，雄视天下；战国七雄，晋有其三，法家变革，始源于斯。之后名人辈出，人杰荟萃，数不胜数。中国历史上的重大事件，王朝兴替、制度变革、民族融合、文化交流、文学流派、戏剧演化等等，均与这里密不可分。

山西地理条件非常优越，地处古代游牧区与农耕区交错接壤地带，北为游牧地区，不乏牛马之贡，南有盐池矿藏，并兼盐铁之利，加上耕织发达、商贸繁荣、文明悠久这些条件，造就了古代山西在中国历史上的独特地位。

两汉时期，并州是北方最重要的地区之一，是抗击匈奴的前线，担负着捍卫中原和民族融合的重任，发生过著名的“白登之围”，也产生了卫青、霍去病等抗击匈奴的名将，雁门关（或称雁门塞）成为汉朝最重要的关隘之一。汉武帝置十三部刺史，其中就有并部（州）[1]。史书明确记载，东汉已于晋阳设州治[2]。

魏晋南北朝时期（265—589），中国历史进入一个复杂多变的时期。复杂是指在原有的汉代版图上，特别是在黄河流域，涌进许多新的民族，民族之间互相争斗，矛盾凸显；多变是指西晋“八王之乱”后，晋室南渡，北地沦丧，匈奴、羯族、氐族、羌族、鲜卑等少数民族政权统治了北方，分裂割据，朝代更迭，此兴彼亡，史载其时“内难兴于戚属，外祸结于藩维。刘渊一唱，石勒继响，二帝沉沦，两都倾覆”。

今山西地区，古代堪称诸民族汇聚最密集的地区之一。史书记载，东汉以来，匈奴分裂为南、北两部，南匈奴三万余落来降，请求汉朝保护，入驻汉境，被安置在并州。曹操分其为五部，即南、北、左、右、中五部，南部居蒲子县（今山西隰县），北部居新兴县（今山西忻州），左部居兹氏县（今山西汾阳），右部居祁县（今山西祁县），中部居大陵县（今山西文水县），五部总计二十多万人，“皆家于晋阳、河涧之滨”。东汉末年，大批乌桓人内附，鲜卑首领步度根、泄归泥率领部落三万余家入居代北，拉开了汉民族与北方游牧民族大规模民族融合的序幕。据谭其骧先生研究，山西境内的七八个郡，都有匈奴杂居，北部诸郡，甚至“胡多于民”[3]。

两汉时期，在山西留下许多遗迹和遗物。遗迹如长城和数以千计的汉墓，如广武汉墓群、平朔汉墓群、天镇汉墓群等。1983年始，山西的考古工作者配合朔州露天煤矿建设，陆续发掘了2000余座汉墓，出土文物非常丰富，均为死者生前的生活实用物品，包括各类陶器、铜器、铁器、玉器、漆器、铅器、木器等。出土器物中，陶器占70%左右，以壶、罐、灶、鼎、盒等组成汉代特有的随葬器物组合；铜器占20%左右，有礼器、食器、酒器、兵器、印章、铜镜等，其中的雁鱼灯是难得之珍品；其他杂器占10%左右，包括铁器、玉石器、漆木器、铅锡器等。在这批墓葬中，还发现了一些带有匈奴、鲜卑民族特色的墓葬，出土了具有少数民族特色的文物近百件[4]。

在右玉县，也出土过汉代器物，如中陵胡傅铜温酒樽等铜器，酒樽通体鎏金彩绘，中原器型与草原装饰浑然一体，技法罕见。器身虎、象、鹿、马等动物图案形象生动，更显富丽堂皇。口沿刻铭文“剧阳阴城胡傅铜酒樽，重百廿斤，河平三年造”。

尤其是右玉善家堡，曾出土过许多游牧民族墓葬。善家堡墓地出土的器物，主要有日常生活使用的陶器、铜器、工具、兵器和装饰品。兵器和其他器具品种多样，如刀、矛、斧、带扣、镀等，一反春秋、战国时期以铜为主要质料的特点，进而变为铁制品，这是我国北方地区到汉代才出现的重要文化特色。铜镜残片具有东汉后期“长宜子孙”镜的鲜明造型特征，五铢钱也显示出东汉桓帝前后的时代风格。据发掘者研究，善家堡墓地的上限不早于东汉后期桓灵之际，下限约当魏晋时期。

善家堡墓地的出土器物，与中原同时期汉族文物相比，无论是种类方面，还是造型特征方面，都存在明显的差异。而与内蒙古东部、东北地区和鄂尔多斯地区出土的匈奴文化及鲜卑文化相比，却表现出强烈的共性，反映了较为一致的文化背景、生产和生活方式。夹砂大口戳刺纹罐，是内蒙古完工、札责诺尔、嘎仙洞石室、南杨家营子、伊敏东站、孟根楚鲁墓地和吉林榆树老河深墓地最具代表性的陶器，它们大多被用作炊具，器表常常残留烟炱痕迹。这些汉魏之际的墓葬遗存，经过多年探索和论证，现已基本得出共识，确定它们为汉代鲜卑族文化遗存，反映出墓主人是来自北边的游牧民族[5]。

忻州定襄七岩山的西晋《登高碑》也记载："鲜卑□须韃泥，□□大檀□□之曾孙也。率□万四千家，以先众夷，屈□内附为官奴。"文献记载与考古发现的遗迹、遗物对照，正相吻合，证实了北方游牧民族不断进入并、代的历史，同时说明北朝文化是汉代北方多民族文化的继续和发展。

魏晋以降，民族融合高潮迭起，所谓的"五胡"（实际上不止五个少数民族，至少有匈奴、羯、鲜卑、氐、羌与乌桓），在山西地区频繁活动。众所周知，魏晋南北朝三百余年，全国政治格局经历了一个由统一走向分裂，又由分裂走向统一的过程。开始和完成这个历史过程的主体力量，是聚集于今山西的北方少数民族。如最初打破西晋统一局面者，是避居吕梁山区的匈奴酋帅刘渊。公元 304 年，刘渊在左国城（今山西吕梁方山县）率领内附匈奴登基称王，建立匈奴汉国，后改成赵国（史称前赵），攻城略地，掀开了"五胡十六国"（304—439）分裂战争的序幕。山西成为北方少数民族政权争夺的战略要地，十六国时期，先后被刘汉、后赵、前燕、前秦、西燕、后燕所统治[6]。

最终结束这场漫长分裂痛苦的，是定都山西的北方少数民族——鲜卑拓跋部。东汉魏晋时期，北方匈奴衰落，乌桓、鲜卑崛起，特别是鲜卑拓跋部，几经磨难起落，进取不止。386 年，拓跋珪 16 岁时，恢复代国，不久改国号为大魏，史称北魏或后魏。到 398 年，迁都平城（今山西大同）。至太武帝拓跋焘时，经过几代人努力，先后败后燕、攻大夏、克北燕、灭北凉、降后仇池诸国，最终统一了黄河流域，结束了“五胡十六国”时期，停止了分裂带给北方的浩劫，开创了北朝社会经济的崭新局面，历史正式进入“南北朝时期”。

北朝时期，山西有两个城市非常重要，一个是北朝前期的平城，一个是后期的晋阳，两个城市一前一后，在北朝发挥了重要作用。平城位于今山西北部，晋、蒙、冀三省区交界处，扼三省区交通咽喉，是山西最北的城市，直接与游牧区相连，自古为军事重地、全晋屏障、晋北门户、“北方锁钥”。汉代，这里是匈奴经常出没之地。汉高祖刘邦在这里发生过“白登之围”的故事。北魏定都平城以来，以此为大本营，扩大京畿范围，迁来许多降民，平城地区人口不断增加，最多时达 100 余万，一度成为黄河流域最大的城市。北魏政府相继推出三长制、均田制等稳定社会、促进农业、发展经济的政策，摆脱了汉魏以来社会经济不断下行的状况，使得北方得以休养生息，再次回归到发展轨道。另外，通过认同汉族官制、礼俗，推动了民族融合，为迁都和北魏孝文帝深度汉化做好准备。

晋阳位于今山西中部的太原盆地。自董安于在此为晋国赵简子修建晋阳城后，这里迅速发展为北方重要城市，发生过许多大的历史事件，公元前497年，晋阳城正式载于史册。周贞定王十六年（前453），智伯决水灌晋阳，韩、赵、魏三家联手消灭智氏，保卫了晋阳城。三家分晋后，晋阳成为赵国第一个都城，加速了晋阳的繁荣和发展，至今还留存着昔日的城址和无数墓葬[7]。至秦庄襄王二年（前248），秦将“蒙骜攻赵，定太原”。秦始皇元年，拔晋阳，“初置太原郡”[8]。

北魏后期，晋阳成为北方最重要的城市之一，不仅是中原北大门，而且是控制北方的战略要地。体现在政治、军事方面，这种作用特别明显，尔朱荣、高欢都是依靠掌控并州精骑和晋阳而控制朝廷、争夺天下的。

东魏时，高欢于晋阳设丞相府，史载：“并州平。神武以晋阳四塞，乃建大丞相府而定居焉。”[9]后定议由洛阳迁都至邺城[10]，“神武留洛阳部分，事毕还晋阳。自是军国政务，皆归相府”[11]。此举打破传统丞相府必在京都的惯例，形成新的霸府特点：一是丞相府不在京都邺城，而在数百里外的晋阳；二是军国政务中枢不在皇宫，而在相府，相府在晋阳，等于决策中枢移住晋阳，与皇宫平起平坐，形成特殊的两都制。

高欢又在晋阳建起“晋阳宫”[12]，规模庞大，“又于晋阳起十二院，壮丽逾于邺下。……凿晋阳西山为大佛像，一夜燃油万盆，光照宫内”[13]。由于东魏大丞相府和处理军国大事的机构多在晋阳，邺城号为京都，军政中心实在晋阳。史书称晋阳为别都，就是因为晋阳地位特殊，成为京城之外的另一个都城。

北齐时，晋阳仍然是政治、军事中心。文宣帝高洋登基之初，曾下诏："并州之太原、青州之齐郡，霸业所在，王命是基。君子有作，贵不忘本，齐郡、渤海可并复一年，长乐复二年，太原复三年。"[14]

北齐对晋阳极为重视。北齐八帝，四帝在晋阳即位，四帝崩于晋阳宫[15]。文宣帝高洋生于晋阳，曾起名"晋阳乐"[16]。北齐晋阳之重要，由此可见一斑，称得上是名副其实的"别都"。

北周建德五年（576）冬，北周占领晋阳，仍将并州视为战略重地，"州既齐氏别都，控带要重"[17]。

隋取代北周后，也很重视并州，"时朝廷以晋阳为重镇，并州总管必属亲王，其长史、司马亦一时高选"[18]，如晋王杨广、汉王杨谅、卫王杨爽、秦王杨俊等，都曾镇守并州。隋炀帝时，再次在并州营造晋阳宫和汾阳宫。

《隋书·地理志中》载晋阳所在地太原是"山川水复，实一都之会，本虽后齐别都，人物殷阜，然不甚机巧。……人性劲悍，习于戎马。"

隋末，唐王李渊父子起兵晋阳，晋阳成为大唐义旗的首举之地。加上武则天原籍并州，故在有唐一代，晋阳成为唐朝之北京。晋阳城规模之大，超越以往各代，周回 42 里，分西、中、东三城，分别位于汾河之上及其两岸，气势恢宏。

平城、晋阳的重要性在考古资料中也有充分反映。近数十年来，随着配合基本建设，山西省的考古工作者在平城遗址和晋阳遗址范围内，发现许多重要遗址和墓葬，出土器物数以千计，其内涵富有浓厚的民族特色。如平城附近发现了方形和圆形的毡帐模型、煮饭的铜釜和壁画狩猎图、农作图等，均可以反映北方游牧民族逐渐汉化的演变过程。另在太武帝时期的墓葬壁画上，醒目地绘着毡帐星布、牛车马群、席地而坐、宰羊饮酒的宴饮场面，反映的是典型的游牧民族生活场面。而在文成帝时期的墓葬壁画中，除保留驱狗放马、弯弓射箭、集体狩猎的游牧生活场景外，开始出现养殖耕牛、从事农业生产的画面。而到北魏孝文帝时期，墓葬出土物中，反映农业生产的器物、画面数量日益上升，以往的集体狩猎等场面逐渐减少。两种生产形式上下浮沉的情况，反映出两种生产方式的渗透、融合及其农业生产逐渐为主的趋势。

在晋阳城遗址及其周围，同样能看到当时民族汇聚和东西方交流的遗存。晋阳遗址附近发现的北齐东安王娄睿墓即是一例。娄睿出自鲜卑，本姓匹娄，改姓后简称娄。寿阳出土的顺阳王厍狄回洛墓、太原出土的北齐大将军贺拔昌墓，其墓主都来自鲜卑集团。斛律金父亲斛律那瓌墓碑的发现，证明太原地区还活动着一些高车族部落。即使太原发现的北齐武安王徐显秀墓，其壁画和出土陶俑，相貌、服饰均有差异，显然来源于不同民族，反映出国家统一和民族融合的曲折与历史趋势。

晋阳城遗址上覆盖着厚重的耕土，至今没有做过大规模的考古发掘，下面埋藏着太多的秘密和故事，其内涵和价值鲜为人知。但是从古代城址埋藏规律看，城市周围的墓葬、遗存展示的内涵，应当低于城市本身的内涵，其中有一个先后主次的关系。晋阳城遗址周边已经发现数以百计的春秋至唐、五代墓葬，典型代表如赵卿墓、娄睿墓、虞弘墓、徐显秀墓、唐与五代壁画墓等，且以令人惊讶的壁画和随葬品，透露出晋阳城遗址的丰富多彩程度。我们深信不疑，晋阳古城是一座尚未开启的文物宝库，随着考古工作的展开，一定会揭示出唐代晋阳城的壮观面貌。

就出土遗存来看，北朝前期的服饰、器用、毡帐、车具等衣、食、住、行遗存具有浓郁的游牧民族色彩，随着时间推移，器物中的草原文化色彩日渐淡化，一种吸收了草原文化的新的汉文化最终走向主导地位。

北朝文明的发展历程实际上也是黄河流域几个世纪的历程，其中较典型的地区，应当就是山西及其周围地区。国学大师陈寅恪认为，“隋唐之制度虽极广博纷复，然究析其因素，不出三源：一曰（北）魏、（北）齐，二曰梁、陈，三曰（西）魏、周。所谓（北）魏、（北）齐之源者，凡江左承袭汉、魏、西晋之礼乐政刑典章文物，自东晋至南齐其间所发展变迁，而为北魏孝文帝及其子孙摹仿采用，传至北齐成一大结集者是也”[19]。制度如此，文化也是如此。谈到北魏或北齐，需要注意山西的出土资料，山西考古出土资料，从一个区域清楚地展示了北魏至隋唐的文化演进。

北朝考古出土资料，携带着北朝社会多方面的信息。这些器物，单独欣赏，可见当时的形制特点、时代水平、生活方式、工艺美术、制作技术等；集合起来观察，则可见时代发展每一阶段体现在物质遗存上的特色；而将分散的器物放入长达数百年的历史长河，则可见每一类器物的源流演变与整体文化的发展脉络。

民族融合的道路漫长、曲折，有流血，也有收获，最大的收获就是各民族文化互相碰撞与吸收，给传统汉族文化注入新鲜活力，引导北方生机盎然，经济发展。在北朝、唐、五代文明中，我们注意到，统一和多民族成为其中最重要的两个元素，进入中原的游牧民族，甚至远道而来的西域诸国人，全部自称源于华夏，最终融入汉文化中，统一已由汉族的观念升华为各族的共识与政治目标。这种新历史观，是隋唐统一的精神基础。追溯它的来源，与拓跋部定都平城、统一北方密切相关。可以说，没有北朝，便不会有一个多民族的开放统一的隋唐，也不会出现盛唐。

丝路来客

山西在北朝时期与丝绸之路密切相关，甚至是一大历史亮点。

丝绸之路，自古便将世界东、西两部分连在一起，是世界上贡献最大的贸易之路与文明交流之路。有人顾名思义，以为丝绸之路仅是一条外贸通道，是中国以丝绸为主的商品以及技术文明向西方传播的通道。实际上，丝绸之路是东西方物贸、文明互相交流的通道。这种广泛的交流，促进了东西方社会文明的整体发展和提升。

以往学界谈论丝绸之路的东端，绝大多数只讲到西安或者洛阳，因为汉唐时期，这两个城市是都城，都城是一个朝代政治、经济、文化的中心，也是外国人汇聚之地，自然也是商业中心，吸纳了大量外国使者、商人和学者。因此一般人认为，都城为丝绸之路东端的代表。然而，熟悉汉唐历史的人都清楚，汉唐连绵一千余年，都城屡有变更，带来的结果是，丝绸之路东端所在地不断转移，所以我们说，丝绸之路的东端在历代有所不同。毫无疑问，长安、洛阳是定都时间最久的城市，在很长时段是丝绸之路的东端，但并非在汉唐时期的任何阶段都是丝绸之路的东端。这才是尊重历史、实事求是的科学态度。丝绸之路到唐代达到鼎盛，与北朝是万万分不开的。而探讨北朝的丝绸之路与中外文化交流，与现在的山西省又是万万分不开的。

北魏定都平城近百年，平城自然成为该时期丝绸之路的东端。尤其是鲜卑拓跋部入主中原，对游牧民族与外国人采取开放政策，吸引大量外国人涌向平城，使平城成为丝路东段最重要的城市，留下许多外国人活动的记录与遗物。东魏、北齐时期，晋阳是北方军政中心，胡商汇聚，商贸发达，也留下无数外来遗物。同样，邺城作为东魏、北齐的都城，与丝绸之路有着密切关系，也保留下许多丝路遗存。

北朝平城、晋阳的西域人

据史书记载，道武帝拓跋珪定都平城不久，就有许多粟特人进入京畿地区。最著名的如安同，其先祖安世高，汉代以安息王侍子入洛。

其父安屈，曾在慕容暐手下任殿中郎将。安同年轻时，到代北做商贩，遇到道武帝，“见太祖有济世之才，遂留奉侍”[20]。

入仕北魏的安息人还有安吐根的曾祖。《北史》卷九二《蠕蠕传》记载：“安吐根，安息胡人，曾祖入魏，家于酒泉。”

明元帝拓跋嗣时，西域诸国来朝觐者络绎不绝。泰常四年（419）四月，“亨东庙，远蕃助祭者数百国”[21]，这其中就应该有大量西域使节。使节往往结队而行，使团少者数十人，多者数百人。

太武帝拓跋焘时期，明确记载柔然、车师、焉耆、鄯善、龟兹、疏勒、粟特、渴盘陀、破洛那、悉居半等国来朝觐。到文成帝拓跋濬时，除粟特、波斯等国外，新兴的嚈哒国、悉万斤、罽宾、頞盾等国也派使者远赴平城朝贺[22]。这些国家，多位于中亚两河流域，有的甚至位于西亚。

北魏一度“遣使者二十余辈使西域”[23]。平城与西域的往来，除了特殊的政治、军事目的，建立双方外交联系外，还促进了东西方文化、物贸交流。

史书记载，并州也有许多西域人，翟氏即为一例。《晋书·慕容垂载记》：“封翟檀为弘农王，翟德为范阳王，翟楷为太原王。”[24]到北朝后期，翟氏家族仍是并州大族。

《隋翟突娑墓志》：“君讳突娑，字薄贺比多，并州太原人也，父娑摩诃，大萨宝，薄贺比多。（突娑）春秋七十，大业十一年（615）

岁次乙亥正月十八日疾寝，卒于河南洛阳县崇业乡嘉善里。”[25]（图二四）

墓志记翟突娑为并州太原人，可能是指他的出生地，他的祖籍实际在西域。他家很早迁居晋阳，其父翟娑摩诃，是并州大萨宝，即并州胡人的政教大首领。翟娑摩诃任职的年代，与虞弘相近，一个曾“检校萨保府”，一个曾任“大萨宝”，表明并州萨宝府级别较高，设置多位官员。

翟氏确是西域人。敦煌本 S.0367 号《唐光启元年（885）书写沙州伊州地志残卷》记伊吾县“火祆庙中有素书形象无数，有祆主翟磐陀者，高昌未破以前，磐陀因入朝至京，即下祆神”[26]。此翟磐陀

图二四 隋翟突娑墓志

身在西域，未说哪国人，但迄今为止，中国发现的祆教徒资料显示，这些祆教首领都是粟特人，由此可证翟磐陀也应是粟特人。另外还有一证，姚薇元的《北朝胡姓考》对入华粟特人姓氏作过溯本穷源的考证，文云："高车丁零有狄氏，为古赤狄之余种。狄即翟也。"[27]由此看，翟突娑或许是太原王翟楷之后。

除粟特人外，我们还应该注意到，并州长期居住着许多柔然人、高车人与突厥人。《北史》与《魏书》都记载，柔然衰亡前后，许多柔然人与高车人迁徙到并州北部。东魏时，柔然可汗阿那瓌将孙女嫁给高欢的第九子高湛，号茹茹邻和公主，婚后就居住在晋阳，一直到死。《东魏茹茹公主墓志》记载她"以武定八年（550）四月七日薨于晋阳"，东魏孝静帝元善见特地下诏，敕并州造辒辌，送她至高氏祖茔。

在出土文物中，我们还能看到突厥人的形象，如太原北齐贺拔昌墓出土的一件骑马陶质突厥人物俑就很有特色。其通高 25 厘米、长 22.5 厘米[28]。在一匹健壮的骏马背上，坐着一位游牧民族骑士，身体肥胖，头梳长发，十几条辫子留在背后，圆头圆脑，面向上仰，穿一件圆领窄袖宽肥红袍，脚踩马镫；一手牵着缰绳，一手举向嘴边，两指弯曲伸进嘴里，作打唿哨状；神情自然，似乎行走在一望无际的茫茫草原上，四顾无人，打口哨作乐（图二五），强烈地表达了游牧民族乐观旷达的性格。

近年斛律金父亲斛律那瓌墓碑的发现，证明太原地区还活动着一些高车部落。史书记载，斛律金死后葬于晋阳，具体地点不详。根据已发现的斛律那瓌墓碑，揆度斛律金墓也在附近。继续推测下去，斛律金与其父墓葬均在太原，似乎暗示斛律部由朔州一带南迁到晋阳盆地。

高车族是西北游牧民族，活动范围很广，从中亚到东北亚都有其记载。《资治通鉴》明确记载："初，丁零翟斌，世居康居，后徙中国。至是入朝于赵，赵以斌为句町王。"[29]这一年是公元330年，赵即石勒的后赵政权。至是，我们也寻找到了中原丁零翟氏的源头，是从康居迁徙来的。康居是古史记载的西域"昭武九姓"之一，与大月氏相接，其民活动于中亚锡尔河流域，正属粟特地区。

据荣新江《北朝隋唐粟特人之迁徙及其聚落》一文钩稽的材料，北朝、隋唐时期，著籍太原的粟特人还有安师、康达、康武通、何氏、安孝臣和他们的先人，他们应当是属于并州胡人聚落的部分成员[30]。北魏、东魏、北齐政权中，都有大量粟特人活动于并州地区。

隋唐时期入晋粟特人

● 《西厢记》中崔莺莺国籍的讨论

山西永济唐代黄河蒲津渡遗址有四组铁牛与铁人，四个铁人既像是牵牛人，也像操舟人。其中有的身着翻领服装，我们在北朝、隋唐胡人俑中曾经看到过这种服装[31]，应该说这是粟特人的服装（图二六）。

图二五 乘马远行在一望无垠的草原上，快乐的突厥男子为排遣寂寞，打起呼哨。

图二六 蒲津渡铁人形象

设计者为何要把铁人铸造成这种形象呢？原因很多，其中一个应该是，当时的并州，居住着很多粟特人，至少是外来人口众多，流动性较大，所以有必要在黄河最大渡口上，采用艺术形式，铸造多民族形象，这既是现实的反映，又利于民族融合。

永济市文化遗产颇为丰富，普救寺、莺莺塔与铁牛同样闻名于世，唐代著名的《西厢记》故事就发生在这里。现代大史学家陈寅恪先生曾在《元白诗笺证稿》一书中参照胡姓、胡名和胡俗三项标准考证，推测《西厢记》的主角之一崔莺莺，对应的粟特原名可能是曹九九，是一个粟特移民的“酒家胡”女子[32]。

近年，葛承雍进一步收集证据，证明并发挥了这一观点。他认为崔莺莺原型是中亚“胡姬”的理由有五：

其一，蒲州是唐代河中府所在地，位于长安、洛阳两京之间，是来往两京的最佳路线，唐朝皇帝、官吏、文人、商贾都往返于其间或驻留于此，也是沿丝绸之路进入中国后粟特移民的居住区。唐代河中府的治所官衙名为“绿莎厅”，“绿莎”或许是粟特语“Xsevan”的译音，即“首脑”“头子”的称呼，为胡人比照粟特语统称州府官衙的叫法，说明蒲州曾有中亚胡人聚落的存在。

其二，唐代大历至贞元年间，蒲州为河中节度使李怀光的根据地，他统领的朔方军部下多为胡人，其养子就是西域胡人石演芬，“芬”是粟特男子常用的胡名，这是史书上蒲州有粟特胡人最明确、最直接的记载。

其三，蒲州盛产名酒，唐代元和年间文人李肇撰著的《唐国史补》中记载“河东之乾和葡萄酒”闻名四方，“乾和”是突厥语“qaran”的音译汉名，原意为“盛酒皮囊”或“装酒的皮袋子”，从语源上说，“乾和”葡萄酒肯定是操突厥语的胡人的叫法，证明唐代蒲州有胡人葡萄酒作坊的存在。

其四，唐代蒲州地区有“酒家胡”，唐代山西籍诗人王绩从长安弃官回乡后，酷爱美酒，写有题壁“酒家胡”的诗：“有客须教饮，无钱可别沽。来时长道贯，惭愧酒家胡。”王绩题壁的酒家乃粟特人所经营，他是这里的常客和熟客，经常赊酒喝，并赞美胡人酿酒名优出色：“竹叶连糟翠，葡萄带曲红。”“竹叶”可能指翠绿色的竹叶青酒，另有色泽呈红色的葡萄酒，正是胡人酒家的特色。

其五，元稹对胡人生活非常熟悉，写有许多有关“胡化”风气的诗歌，他曾感叹道：“自从胡骑起烟尘，毛毳腥膻满咸洛；女为胡妇学胡妆，伎进胡音务胡乐。”他后悔“最爱软欺杏园客，也曾辜负酒家胡”，他描绘胡旋女“妙学香莺百般啭”，他赞叹“胡姬醉舞筋骨柔”……元稹写胡人生活细腻深入，尽管他把崔莺莺打扮成大家闺秀，假托为高门千金，但还是透露出莺莺原型的痕迹[33]。

我们更感兴趣的是，葛承雍提出的五条证据，证明河东地区粟特人、葡萄酒和“酒家胡”确实很普遍，是这个时期特殊的历史文化现象，对考察山西古代粟特人的活动，考察蒲津渡铁人的艺术背景，都是非常有价值的。

● 外商聚落

隋末李渊、李世民父子于晋阳举起反隋义旗后，进军西安途中，在现在的晋中灵石县境内，遇到了隋军抵抗。大军屯军地很有意思，名为“贾胡堡”。

《旧唐书》卷一《高祖本纪》:“（隋大业十三年）秋七月壬子，高祖率兵西图关中，以元吉为镇北将军、太原留守。癸丑，发自太原，有兵三万。丙辰，师次灵石县，营于贾胡堡。隋武牙郎将宋老生屯霍邑，以拒义师。”

“贾胡堡”，顾名思义，自然是外商居住之堡。以贾胡命名堡子，可以理解为，这里是外商长期居住之地，为了长期安全居住，还建造有堡子，日子久了，得到当地人认同，便自然以“贾胡堡”称呼此地。《新唐书》也记载该地有“贾胡堡”。《新唐书》卷一《高祖本纪》载：“（武德二年）二月乙酉，初定租、庸、调法。令文武官终丧。丙戌，州置宗师一人。甲午，赦并、浩、介、石四州贾胡堡以北系囚。”李林甫所著《元和郡县图志》，也提到此地有“贾胡堡”。表明从北朝，至少从隋朝到唐中期，这个地名一直在使用。也表明，在此地名产生之时或之前的北朝，这里居住着大量的外商及其家眷。

无独有偶，晚清入华西人曾在灵石县发现16枚罗马古币[34]，由钱币文字可知这是罗马梯拜流斯皇帝至安敦皇帝时代所流行的钱币。它们在灵石的发现，也许与贾胡堡的外商有一定关系。日本学者桑原骘藏早年就认为，此地名“贾胡”，或因有西域贾胡常来此贩卖货物，故留此名以作纪念[35]。在太原唐代墓葬中，曾发现过东罗马金币，显然也是由外商携入中国的。

入华粟特人的职业及种类

并州向来是中原民族融合的前沿地区，东汉以降数百年间，尤其是北魏以来，并州一直是外来民族成员落脚的首选之地，粟特人也不例外。

丝绸之路空前畅通，各国的商人和使臣携带着货物和贡物源源不断地涌向并州，或择地定居，或展开商贸活动，其职业主要有官员（包括萨宝、武将）、商人、乐伎和高僧等，还有些人迫于生计，不得不赶车、驯马、守门、投军，或者成为侍者、工匠等。

● 官员

检索史籍与墓志碑刻，来并粟特人的职业首选是文武官员，如北魏前期的安同、安吐根，北齐时的和士开、翟突娑及其父亲、虞弘及其父亲。另如《安师墓志》提到的其曾祖安哲，任北齐武贲郎将[36]；《康达墓志》记载的“曾祖蕞，齐任上柱国，祖逵，齐任雁门郡上仪同”[37]；《安孝臣墓志》题为“大唐故翊麾副尉泽州太行镇将骑都尉安府君之墓志铭”，志文记载“君讳孝臣，太原郡人也”[38]；《大晋何公墓志》记载的何君政等人，都是官员。这也是入华粟特人最上层人物和最佳职业。从崇拜商业和追求商业利润转向选择做官，是入华粟特人的一大转变。分析这种转折，显然受中原官僚特权阶层的影响，经商是为追逐利润，官僚阶层有权有名更有利，可以比经商带来更多利润和财富，所以精于计算的粟特人，来华后入乡随俗，首选职业就是做官，特别是从军，依靠战功，升官发财。

● **商人**

商人在中原士、农、工、商的序列中排名最后，实际上社会地位仅次于官僚阶层，特别是胡商，交通官府，互相勾结，财大势雄。胡商数量庞大，各地都有，经营各种生意。如墓葬出土随葬品中就常见骆驼胡商俑，娄睿墓壁画中也有胡商形象。娄睿墓墓道两侧的胡商驼队图，在两壁上层，前面各有一幅行旅图，一犬在先，后随四排十余骑，有骑马者，有步行者，有男有女，汉族人装扮。其后绘四人五驼组成的一个商队。为首一人深目高鼻，似大食人形象，右手牵着驼缰。右后又有一驼，驮着又圆又鼓的大包。两驼间，一人高大修长，浓眉深眼，似为波斯人。所牵骆驼驮大花货包与垂橐，大步紧跟。两驼右侧还有二人二驼，相随前进（图二七）。

在晋阳北齐墓和隋墓中，常见一种陶质载货骆驼模型，如张肃俗墓、娄睿墓和徐显秀墓，最生动者是隋代斛律彻墓出土的两件载货载人骆驼模型，一人坐在骆驼背上，手拿一块胡饼，边走边吃[39]，反

图二七 娄睿墓墓道胡商贩马图壁画

映了胡商在丝路上的艰苦生活。

见于史载的商人有粟特人、大月氏人、波斯人、柔然人和突厥人等。有的家族是先做商人，然后等有机会，再摇身变为官僚，如《魏书》记载的北魏的安同便是如此；《北齐书·和士开传》也记载："和士开，字彦通，清都临漳人也。其先西域商胡，本姓素和氏。父安，恭敏善事人，稍迁中书舍人。"也有商人后裔因志趣改变，由商转变为其他行业的。《太平广记·赵小儿》："隋有三藏法师，父本商胡，法师生于中国，仪容面目，犹作胡人，行业极高，又有辩捷。尝以四月八日设斋讲说，时朝官及道俗观者千余人。大德名僧，官人辩捷者，前后十余人论议。法师随难即对，义理不穷。"[40]

● 乐伎

入华粟特人中也有不少乐伎，史书保留着不少有关资料，《魏书·乐志》:“（世祖）平凉州，得其伶人、器服，并择而存之。后通西域，又以悦般国鼓舞设于乐署。”[41]《隋书·音乐志》也记载:“疏勒、安国、高丽并起自后魏平冯氏（北燕），及通西域，因得其伎。”北魏灭北燕是公元436年，可见在太武帝时，西域乐伎已经到达平城。北朝后期，许多粟特人以善于演奏琵琶等乐器闻名于世，甚至得以封爵开府，如曹妙达、安未弱、安马驹之徒[42]。根据考古出土资料，粟特的胡腾舞、胡旋舞等，也是在北朝流传到并州的。

2000年，山西省考古研究所与大同市考古研究所联合发掘了大同雁北师院北魏墓群，出土物中，就有不少粟特伎乐俑、陶制毡帐模型和骆驼，反映出粟特与平城的密切关系。其中M2出土的一群杂技俑很有特色，共8件，高约20余厘米，均为成年男性，身材粗壮，小腹前凸下沉，头戴圆顶帽，帽后有裙，个个面相丰满，面带微笑，神态安详，身着圆领窄袖红地带花长袍，脚蹬黑色长靴。八人中，有人似鼓掌，有人似吹横笛，有人似击鼓，有人似捧乐器。有一人最为特殊，高约26厘米，身体壮实，是这批杂技俑中的主角。他脸向上仰，右手叉于腰后，左手置于额上，上身微倾，两腿略曲，额上支竿，两个小俑正在竿上表演，好像是后世杂技中的“顶竿”项目（图二八）。在大同电厂北魏墓壁画中，也有这种杂技表演、丝路乐器伴奏的画面。

图二八 大同雁北师院北魏墓出土的粟特人俑

● 高僧

外来宗教人员在并州的也有许多，如罽宾沙门师贤，先到凉州，又由凉州到平城，兴光元年（454）秋，在五级大寺“为太祖以下五帝，铸释迦立像五”。太安初年，“有狮子国胡沙门邪奢遗多、浮陀难提等五人，奉素像三，到京都”。

佛教在中国传播过程中，就个人而言，做成大事业者，当属“马识善人”的沙门昙曜，他“于京城西武州塞，凿山石壁，开窟五所，镌建佛像各一。高者七十尺，次六十尺，雕饰奇伟，冠于一时”。这就是至今仍存的云冈石窟中的16—20窟，亦称为“昙曜五窟”。其后，他又与天竺沙门常那邪舍等，译出新经十四部[43]。

昙耀的国籍，史书阙载，推析他极可能是粟特人，理由有三：

一、他来自凉州，《释老传·宋伪魏平城释玄高》记载：“时河西国沮渠茂虔。时有沙门昙曜，亦以禅业见称，伪太傅张谭伏膺师礼。”[44]当时凉州有许多外国高僧，如昙无尘等。

二、所谓的“昙曜五窟”，渊源于犍陀罗、秣菟罗、笈多、河西等多种艺术，如果没有在这种文化环境中的生活经历，不可能创造出这样“雕饰奇伟”的艺术品来。

三、他与天竺沙门常那邪舍等，译出新经十四部。如不懂那些佛经的本来语言，怎么能算作译经？

由上面三条理由可见，他应该是一个深谙佛理、熟悉西域艺术的入华高僧。

入华粟特人的宗教信仰比较复杂，有的信仰祆教，有的信仰佛教，还有的信仰景教。汉化深的家庭，有的信仰了儒学与汉民族的民间信仰等，如《大晋何公墓志》所记“以年匪顺，灵圹不迁。今就吉辰，方茔宅穸”以及“卜其宅地兮，广茔藏事”等，已按照汉族葬俗及其信仰来做了。

黄河中游两岸，都有外国商人和粟特人，21 世纪初发现的西安安伽墓（2000 年发掘）（图二九）[45]、史君墓（2003 年发掘）（图三〇）[46]和康业墓（2004 年发掘）（图三一），都出土了石质葬具，而且上面雕刻着成组的反映粟特人生活风情的图像，特别重要的是，几座墓都有墓志或题刻，清楚记载了墓主人的国籍、家世和埋葬年代。安伽墓、史君墓、康业墓，分别是来自中亚安国、石国与康国的粟特人墓葬。此外，其他地方也出土了北朝石床榻（图三二、三三、三四、三五）。

图二九 安伽墓石床榻

图三〇 史君墓石堂

图三二 康业墓石床榻发掘现场

图三二
法国吉美博物馆展出的北朝石床塌

图三三
日本 Miho 博物馆藏入华粟特人石床榻

图三四
天水出土的北朝石床榻

图三五
安阳出土的北朝石床榻之双阙

平城、晋阳是丝路东段的重要城市

山西与丝路的联系由来已久，在平朔汉墓和广灵汉墓中，都出土过胡人俑。然山西与丝绸之路保持最密切关系的时期，莫过于北朝。北朝山西与丝绸之路的关系，领先于其他地区，对全国乃至隋唐都有极大影响。

谈到丝绸之路，需要从平城说起。北魏定都平城近百年，平城成为该时期的丝绸之路东端。太武帝拓跋焘时，势力扩展到西域，吸引粟特人涌向平城。北魏文成帝始，中西交通和交流登上一个新的阶段。翻阅《魏书·西域传》，记述西域诸国，都是记距离代（平城）多少里，如洛那国（今中亚费尔干纳盆地，位于今乌兹别克斯坦、塔吉克斯坦和吉尔吉斯斯坦三国交界处），“去代一万四千四百五十里”；粟特国（今乌兹别克斯坦共和国），“去代一万六千里”；波斯国（今伊朗）“去代二万四千二百二十八里”；大秦国（古代罗马帝国），“去代三万九千四百里”。可见在古代史家心目中，平城代表的北魏王朝才是该时期丝绸之路的东端。《魏书·西域传》记载的各国概况以及距平城的距离，就是历代胡商和中外使节无数次奔波测量的结晶。这些资料的积累，对增进各国相互了解，推动商贸，起到至关重要的作用。丝绸之路的具体路线则是，进入新疆，穿过甘肃河西走廊和宁夏、陕北，渡过黄河，登陆山西今河曲、保德、偏关诸县，或从内蒙古君子渡登入托克托县，这些地区，北魏前期均属京畿地区。

在平城遗址和晋阳城址周围，遗存着许多丝路或者西方文明的遗迹和遗物，最著名的当属云冈石窟，是佛教通过丝绸之路直通平城的最有力物证，中西因素相互结合，气势恢宏，独一无二。在平城遗址内，还出土了许多外来器物，如鎏金高脚酒杯、仿波斯银盘、琉璃碗、银质耳杯、镶宝石金戒指、波斯银币、各种中亚伎乐俑和牵骆驼的俑、丝绸之路东传乐器等[47]，都充分显示出丝绸之路与平城的重要关系。如在大同市博物馆展出的四狮环立石灯，其狮子造型，在印度桑奇大塔附属建筑中就有类似形状。环视黄河流域，在此时期，很少有哪个城市的遗址出土过如此丰富的丝路器物。可以说，平城开创了丝绸之路的新时代，不仅把中断多年的丝绸之路再度恢复，而且吸引胡商突破关市藩篱，奔赴各个城市，参与集市贸易，开办酒肆，演出歌舞，建立宗教场所，将丝路贸易和文化深入到社会诸阶层。

据碑志和文献资料记载，北朝以降，平城及其周围定居着许多粟特人，见于墓志的粟特人就有石府君、康公、何公、曹公等。平城居住着多少粟特人呢？史无详载，但是据《洛阳伽蓝记》卷三记载，北魏后期，“自葱岭已西，至于大秦，百国千城，莫不欢附。商胡贩客，日奔塞下，所谓尽天地之区已。乐中国土风因而宅者，不可胜数。是以附化之民，万有余家。门巷修整，阊阖填列。青槐荫陌，绿柳垂庭。天下难得之货，咸悉在焉。别立市于洛水南，号曰四通市，民间谓永桥市”。我们可以分析，北魏定都平城近百年，迁都洛阳仅数十年，由洛阳“附化之民，万有余家”，因此可以推测，居住于平城的西域人，不会少于洛阳，至少当和此数相差不多，就是说，居住于平城的粟特人，至少当在万家左右。若以五口之家计算，总人口当在五万左右，这是一个惊人的数字。不过这仅是一个推论，是否准确、可信，还需更多新资料验证。

文明互动的方式多种多样，有的是血与火构成的战争，有的是互惠互利的商贸或者其他和平方式，有时候两者混织在一起。

东魏、北齐时期，晋阳是仅次于邺城的北方军政重地，“齐氏别都”，“霸业所在，王命是基”，胡商聚集，商贸发达，自然成为丝路东端之一，留下许多胡人活动的记录与遗物。

据碑刻墓志资料记载，北朝以降，晋阳定居着许多粟特人，见于墓志的粟特人就有翟娑摩诃和翟突娑父子、安吐根、翟楷、虞弘及其父亲等，其中最有代表性的是虞弘。

山西的丝路遗存，大致分为三个方面。

一是佛教以及佛教艺术。中国佛教的兴盛，北魏是最重要时期，无论石窟，还是译经，数量都很突出。翻阅《魏书·释教志》，当时平城有影响力的僧人，多来自天竺和其他西域诸国。他们带来的佛教雕塑、佛像绘画、佛教乐舞等艺术，在佛教石窟寺院、佛教造像碑、摩崖造像、佛塔建造诸方面表现得淋漓尽致。如乐舞，仅在云冈石窟，诸窟雕刻着西方传来的琵琶、箜篌、筚篥等数十种乐器，多达五百余件。云冈石窟12窟因乐器众多，被称为“音乐窟”或“佛籁洞”。丝路传来的乐器，在北朝墓葬绘画中也屡见不鲜，远远多过传统乐器。

北朝、唐代流行的胡腾舞与胡旋舞，在墓葬壁画器物中屡次出现，成为北朝文化的重要内容。

二是带来许多西方生产的器物，如金银铜器、石刻、绘画、陶瓷器、玻璃器和珠宝首饰，分别见于数百座平城北魏墓葬、晋阳北齐墓葬和各地的唐代墓葬，前文屡次提及，不再赘述。

三是引进西方特有的技术，带来许多新的植物品种，较典型的是玻璃器制造技术和葡萄种植技术。

山西北朝墓葬中，北朝艺术家创造的作品反映了胡商入华后的贸易活动，如陶制胡商与骆驼模型、墓葬壁画、墓志或其他石刻，形象具体，准确可信，等同于丝路遗存，是研究丝路贸易的重要资料。

粟特人在山西的遗存很多，大致可归纳为以下几个方面：

工艺

并州外来文明内容很多，其中一项是外来先进工艺，典型例子如《魏书·西域传·大月氏国传》记载的“世祖时，其国人商贩京师，自云能铸石为五色琉璃，于是采矿山中，于京师铸之。既成，光泽乃美于西方来者。乃诏为行殿，容百余人，光色映彻。观者见之，莫不惊骇，以为神明所作。至此中国琉璃遂贱，人不复珍之”。这条珍贵史料，不仅仅记载了大月氏人在平城经商之事，还记载了他们把大月氏生产玻璃的工艺与技术传到平城，中原从北魏起就有了自己的玻璃生产作坊，开始成批生产，致使“中国琉璃遂贱，人不复珍之”（图三六）。

金银器

北朝墓葬中，常可见到来自西方的器物。20 世纪在大同还出土过许多外来金银器，如大同电焊厂北魏墓群内曾出土来自波斯的琉璃碗和鎏金刻花银碗各一件。大同小站村花圪塔台北魏墓，也出土过仿波斯的鎏金银盘和高脚杯等[48]。鎏金银盘高 4.1 厘米，口径 18 厘米，圈足直径 4.5 厘米、高 1.4 厘米。盘中央用锤揲法锤出一幅狩猎图，画面中是一伊朗脸型的中年男子，深目高鼻，卷发长髯，头戴冠，耳、

图三六
2002 年冬，大同市考古研究所在迎宾路发掘了 40 多座北魏墓葬，其中一个北魏墓出土了这件玻璃壶。这种壶的形状在北魏陶器中常见，可能就是北魏采用外来技术，按照社会流行样式生产的玻璃壶。

项饰璎珞，着紧身衣服，手执长柄武器，周围植物丛中有三头野猪（图三七）。显然，这些器物，都是经过丝绸之路传来的。

日常用品

随着胡人的涌入，一些外来的日常用品也得到汉人的喜爱，如胡床、茵褥等，汉代后期逐渐传入，得到上层社会青睐。《后汉书·志十三·五行志一》记载："灵帝好胡服、胡帐、胡床、胡坐、胡饭、胡空侯、胡笛、胡舞，京都贵戚皆竞为之。"北朝时，随着入华胡人数量剧增，《汉书》中所载的胡帐、胡床等更加普遍，具体实物也在北朝墓葬中出现，如在太原北齐徐显秀墓葬壁画中，就有关于这些日

图三七 北魏平城遗址出土的中亚银盘

用品的画面。在徐显秀墓墓室西壁的壁画中，有一群女扮男装的侍女，其中一人左肩扛一胡床（即现在所谓的“马扎”），其身后一人为壁画所绘人物中最矮的女扮男装者，身高 1.42 米，腋下就夹着一个茵褥（图三八）。茵褥在《洛神赋图》中也有，唐代已经普及，在李凤墓壁画及李寿墓石椁线刻图中均有，仅李凤墓壁画中就有几个，也是挟在侍从腋下，或搭在手臂上，有人称此为衾绸，孙机先生指出是茵褥，“作对折状，此物可垫于坐处”[49]。

徐显秀墓壁画中，还有许多明显的外来因素，墓室西壁壁画正中为一红色骏马，挺立于人群之中。马颈下挂一缨子，为蓝色竖条纹，是萨珊风格，一望而知源自丝绸之路。

壁画中侍女长裙上，还有类似的连珠纹对兽、对花草图案等，都是西来的文化因素。这种带连珠纹的纺织品，就是所谓的波斯锦。墓室东壁的牛车后有一内着白色长裙的侍女，裙边饰有花瓣，裙上饰有连珠纹，连珠纹内有一头戴莲花冠的人头像，这也是域外流行的图案[50]。这些外圈为连珠纹，内为人头像的纹饰，在伊朗也出土过。

值得一提的是，在徐显秀墓中，出土了一枚形制复杂的蓝宝石戒指，由黄金戒托、戒指环与蓝宝石戒面组合而成，重约 23.443 克。蓝宝石戒面被镶嵌在黄金戒托表面中部，图案中一人物头戴一顶狮首形头盔，深目高鼻，上身穿紧身圆领半袖衫，下身着紧身裤，脚蹬皮靴，双手倒提着两件上有装饰的杖形器。该戒指图案中人物造型与衣

图三八　太原北齐徐显秀墓墓室西壁壁画

饰以及指环上的连珠纹、两兽首相对之形，皆非中原传统式样，均来自遥远的西方（图三九）。

图三九 徐显秀墓所出蓝宝石戒指正面

徐显秀时为太尉，位列三公，官居一品，是晋阳炙手可热的人物，自然也是粟特商人极力巴结的对象。这枚戒指极可能就是由粟特珠宝商带进中原，上贡朝廷或赠送达官贵人而落入徐显秀之手的。

胡服

并州出土的北朝、隋唐随葬品中，还常有各种胡人俑，如粟特商人骑骆驼俑、突厥骑马俑、异域伎乐俑等，身穿各种外来服装。在徐显秀墓壁画中，就有身着外来男式服装的侍女，是早期“女扮男装”的时髦青年。

唐代墓葬壁画或石堂图案中，女扮男装或身穿低领露胸服装的侍女，已非常普遍。这些服装可能受到入华粟特人的影响。如山西万荣县皇甫乡皇甫村南唐代薛儆墓内的石堂，整体如一庑殿顶之房屋形状，由屋顶、墙体和底座三部分组成。石堂上有许多线刻画，其中墙体石板上的23幅侍者人物图引人注目，皆为立像，高在1米上下，现择要介绍三组。第一组是一对守门侍女图，以门扉为背景，雕刻着两个相对而立、装扮相同的侍女。二侍女头挽高髻，面庞圆润秀丽，双眉弯如新月，鼻梁挺直，仪态恬雅，身穿开领袒胸宽袖长衫，长裙曳地，露出一双重台高履。从整体看，线条流畅劲拔，浓淡相宜，清秀美丽（图四〇）。

第二组是三幅持扇侍女图，其中一幅持扇侍女正面而立，头挽一高髻，戴贴花发罩，面庞丰腴，弯眉凤目，鼻直口小。身穿低领袒胸宽袖长衫，丰乳半现。镶有宽阔花边的长裙系在胸前，裙腰高及双乳，裙裾拖地。在双肩上，还披着一条帔子，手捏着一面扇子（图四一）。

第三组是两幅女扮男装的捧物侍女图。其中一幅为捧盒侍女，头戴顶部前倾的软脚幞头，身穿大翻领缺胯长衫，内着圆领衫，腰系蹀躞带，腰右侧佩一云纹磐囊，足穿软锦靴，靴尖上翘。双手隐于袖内，捧一长方形扁盒（图四二）。从隋至唐，侍女捧盒也是墓葬壁画、雕刻的常见题材之一，所捧扁盒，内盛梳妆用具。该侍女尽管身着男装，但从眉目、脸庞看，仍能判定，此乃女扮男装。

另一位是女扮男装的捧盘侍女，身体朝左侧立，细眉小口，戴软脚幞头，鬓角上还留有未梳拢起的青丝。身着开领窄袖缺胯长袍，内

图四〇 薛儆墓石椁门扉侍女图

着花边圆领衫，外罩一件花边半臂衫，足蹬锦制翘尖鞋。双手前伸，捧一花盘，内盛一些食物[51]。

所谓女扮男装的男装，大都为胡装。这种风气滥觞于北朝，兴盛于唐代，是当时一大时代特征和社会风尚，表现在考古资料中，是在唐前期墓葬所见陶俑、线雕和壁画中，都有大批女扮男装的侍女。

葡萄种植与葡萄酒

大量粟特人生活并活跃在并州，促进了并州的文化交流。文化交

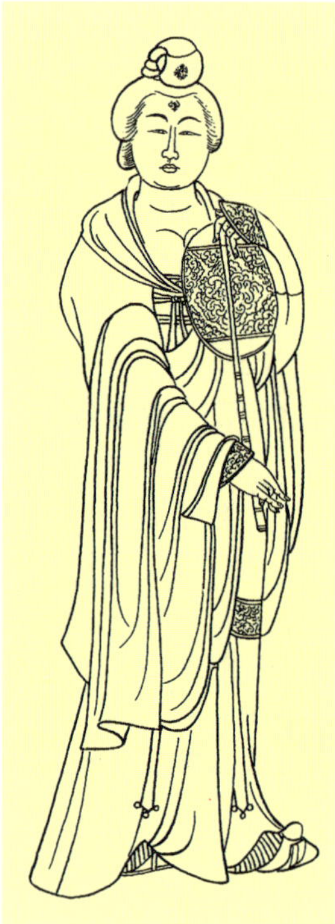

图四一 薛儆墓石堂持扇侍女图

图四二 薛儆墓石堂捧盒侍女图

流的领域和项目很多，其中一项，便是推动了并州葡萄种植业的发展，催生了葡萄酒酿造业。

早在汉代张骞通西域时，就将葡萄种植业带回中原，但只在宫苑种植，为皇家观赏植物。一直到东汉，葡萄酒都是非常珍贵的礼品，最著名的事例，是有人以一升葡萄酒送给主持朝政的中常侍张让，便得到郡太守之位。司马彪所著《续汉书》卷五记载："扶风孟他以蒲萄酒一斛遗张让，即以为凉州刺史。"[52] 此事在历史上很有名，一直到唐代写《晋书》时，史臣还在《晋书》卷四三末以此事讥刺道："自东京丧乱，吏曹湮灭，西园有三公之钱，蒲陶有一州之任，贪饕方驾，寺署斯满。时移三代，世历九王，拜谢私庭，此焉成俗。"

蒲萄、蒲陶即今天的葡萄。讥刺是讥刺，不过确实表明葡萄在当时的特殊价值。

葡萄的大规模引进，应是由今新疆地区进入甘肃，即所谓的北朝河西地区。北魏太武帝平定西凉，从凉州迁徙到京畿地区大批人口和各种人才，其中当不乏精于种植葡萄者。葡萄的种植技术进入并州，很可能是在此段时间。从凉州内迁的人口有凉州人，也有粟特人，粟特人与凉州人就是葡萄栽培技术进入并州的传播者。

史书也记载，北魏不但有葡萄酒，而且还作为礼品赠送南朝官员，如《宋书》卷五九《张畅传》："既开门，畅屏却人仗，出对孝伯，并进饷物。虏使云：貂裘与太尉，骆驼、骡与安北，蒲陶酒杂饮，叔侄共尝。"

另外，在大同轴承厂北魏遗址出土了一批来自粟特的鎏金银器，时代在北魏迁都洛阳前，其中一件鎏金高足银酒杯，器身周围满饰着葡萄叶蔓、成串的葡萄与一些禽鸟，葡萄与葡萄叶蔓组成五个圆环，每个圆环中，又分别有一个人物，像是跳舞，又像是采摘（图四三）。云冈石窟中，也有葡萄图案。甚至在大同方山永固陵遗址，在一些残存的石构建上，也有葡萄蔓枝纹的图案。方山永固陵修建于北魏孝文帝太和三年（479）—太和十四年（490），说明在北魏平

图四三　平城遗址出土的北魏鎏金酒杯

城时代，葡萄及其图案已经比较普及。

种植葡萄的主要条件是技术与合适的地理环境，这两大条件并州均具备。一是以后的山西葡萄种植史证明，山西的地理、土壤、光照等条件，都适于葡萄的成长。二是北魏太延年后，粟特人大量进入并州，许多人与虞弘家族一样，在并州世代居住。这些人喜饮葡萄酒，有人随着商贸或者其他原因奔赴并州各地，长期居住后，在各处种植葡萄并酿造葡萄酒。

北朝时，葡萄的种植已很普遍。北魏人贾思勰所著《齐民要术》中专门谈到了葡萄的种植法、摘取法与保存法。其书云：

十月中，去根一步许，掘作坑，收卷蒲萄悉埋之。近枝茎薄安黍穰弥佳。无穰，直安土亦得。不宜湿，湿则冰冻。二月中还出，舒而上架。性不耐寒，不埋即死。其岁久根茎粗大者，宜远根作坑，勿令茎折。其坑外处，亦掘土并穰培覆之。

摘蒲萄法：熟者一一零叠摘取，从本至末，悉皆无遗。世人全房折杀者，十不收一。

作干蒲萄法：极熟者一一零叠摘取，刀子切去蒂，勿令汁出。蜜两分，脂一分，和内蒲萄中，煮四五沸，漉出，阴干便成矣。非直滋味倍胜，又得夏暑不败坏也。

藏蒲萄法：极熟时，全房折取。于屋下作荫坑，坑内近地凿壁为孔，插枝于孔中，还筑孔使坚，屋子置土覆之，经冬不异也。

这些关于葡萄从栽种到收藏和加工过程的详细记载，说明葡萄种植已是北朝农家生产中的重要产业。值得注意的是，书中没有提到葡萄酒的制作技术。不过也可理解，贾思勰著《齐民要术》，主要是与农家有关的事情，葡萄酒的制作技术，这时尚未普及，还掌握在少数人特别是粟特工匠手里，秘而不宣，藏在专门生产葡萄酒的作坊。

晋阳居住着很多粟特人，虞弘就是北齐时来到晋阳的。太原虞弘墓、西安北周安伽墓和史君墓出土石床榻以及法国吉美博物馆藏石床榻、日本 Miho 博物馆所藏北齐石床榻图像中的许多葡萄叶蔓和成串的葡萄，既是粟特人喜爱的图案纹饰，也是北齐、北周种植葡萄的反映。虞弘墓石堂图像和甘肃天水出土石床榻图像中的酿造葡萄酒图，实际上正是当时并州和凉州粟特人生活的真实写照。

生活在隋末唐初的并州大诗人王绩在《题酒家五首》（一作《题酒店壁》）中也赞叹过并州的葡萄酒：

竹叶连糟翠，蒲萄带曲红。
相逢不令尽，别后为谁空。

唐初酿造葡萄酒的高手大多是粟特人，汉人中据说唐太宗和魏征善于酿造葡萄美酒。据柳宗元记载，魏征酿造葡萄酒就是学自粟特人，其云："公此酒本学酿于西胡人，岂非得大宛之法？"[53]

有唐一代，葡萄酒成为并州特产，一直是名闻天下的贡酒，只有凉州葡萄酒可以与并州葡萄酒媲美。《新唐书》卷三九《地理志》："太原府，太原郡。本并州，开元十一年为府。土贡：铜镜、铁镜、马鞍、梨、蒲萄酒……"

《册府元龟》卷一六八《帝王部》："开成元年十二月，敕河东每年进蒲萄酒，西川进春酒，并宜停。"

唐文宗的诏令，是并州生产优质葡萄酒的最好旁证。

唐代诗歌是唐文化中最耀眼的领域，涉及社会方方面面，其中不乏赞美并州葡萄酒的诗歌。

刘禹锡与葡萄酒

赞美葡萄酒的唐诗中，最著名的当是刘禹锡的《葡萄歌》，其云：

野田生葡萄，缠绕一枝高。
移来碧墀下，张王日日高。
分岐浩繁缛，修蔓蟠诘曲。
扬翘向庭柯，意思如有属。
为之立长檠，布濩当轩绿。
米液溉其根，理疏看渗漉。
繁葩组绶结，悬实珠玑蹙。
马乳带轻霜，龙鳞曜初旭。
有客汾阴至，临堂瞪双目。
自言我晋人，种此如种玉。
酿之成美酒，令人饮不足。
为君持一斗，往取凉州牧。[54]

刘禹锡的诗歌不仅描述了种植葡萄到收获葡萄的全过程，而且自豪地赞扬“自言我晋人，种此如种玉。酿之成美酒，令人饮不足。为君持一斗，往取凉州牧”。可见到了刘禹锡生活的唐代，葡萄种植与葡萄酒的酿造技术已经在并州汉人中流传，并州生产的马乳葡萄酒档次很高。此诗借东汉孟他以一斗葡萄酒换取凉州刺史的历史掌故，反映出世人对并州葡萄酒的珍爱和并州葡萄酒受人欢迎的程度。

这首描写唐代并州葡萄酒生产的诗，于 1869 年被特奥斯·桑普森（Theos.Sampson）译成英文，传向西方。[55]

刘禹锡还在《和令狐相公谢太原李侍中寄蒲桃》的诗中写道：

珍果出西域，移根到北方。
昔年随汉使，今日寄梁王。
上相芳缄至，行台绮席张。
鱼鳞含宿润，马乳带残霜。
染指铅粉腻，满喉甘露香。
酝成十日酒，味敌五云浆。
咀嚼停金盏，称嗟响画堂。
惭非末至客，不得一枝尝。

此诗再次提及马乳葡萄何等的甜香可口，太原李侍中不远万里，作为珍贵礼品送给朋友，证实马乳葡萄是太原有名的特产，而且是酿造高级葡萄酒的重要原料，用这种葡萄酿造的葡萄酒，“酝成十日酒，味敌五云浆。咀嚼停金盏，称嗟响画堂”。这是多么令好酒之徒垂涎三尺的琼浆玉液啊！

● 白居易与葡萄酒

白居易，是所谓“天下谁人不识君”的人物，他与刘禹锡是同时代人，又同样熟悉并州，他也在《寄献北都留守裴令公》诗中明确记述了并州葡萄酒天下闻名的事实，其云：

……

晋国封疆阔，并州士马豪。

胡兵惊赤帜，边雁避乌号。

令下流如水，仁沾泽似膏。

路喧歌五袴，军醉感单醪。

将校森貔武，宾僚俨隽髦。

客无烦夜柝，吏不犯秋毫。

神在台骀助，魂亡猃狁逃。

德星销彗孛，霖雨灭腥臊。

烽戍高临代，关河远控洮。

汾云晴漠漠，朔吹冷飉飉。

豹尾交牙戟，虬须捧佩刀。

通天白犀带，照地紫麟袍。

羌管吹杨柳，燕姬酌蒲萄。

［葡萄酒出太原。］[56]

白居易在“燕姬酌蒲萄”后面特地加以注释，“葡萄酒出太原”，再次表明太原是葡萄酒的重要产地，太原生产的葡萄酒天下闻名。

一直到元代，太原葡萄酒还享有盛名。《元史》卷一九《成宗纪二》记载，成宗元贞二年（1296）三月，“罢太原、平阳路酿进蒲萄酒，其蒲萄园民恃为业者，皆还之”。说明从唐代到元代，并州的葡萄酒一直是贡酒，许多人专以经营葡萄园维持生计。

美国学者劳费尔在《中国伊朗编》（*Sino-Lranica*）论述葡萄酒

时引用《马哥孛罗游记》，说："马哥孛罗讲到山西省会太原府时，说'这里生长着许多优良的葡萄树，供应大量的酒，在全中国只有这地方出产酒，运到全国各地。'"他又在注释中补充说："正确地说唐朝这个地方的葡萄酒很有名，用来进贡与帝王。在元朝饮用此酒更为广泛。"[57]劳费尔的这段话，可作为唐代山西葡萄酒非常有名的旁证。

据法国学者童丕先生研究，山西的葡萄种植业，是粟特人的遗存，一直到元代，山西仍是全国最大的葡萄酒生产地[58]。

2002年，法国著名中亚考古学家葛乐耐教授和黎佩兰博士一行六人来太原参观虞弘墓石堂。午餐时，笔者专门为法国客人准备了清徐县特产柔丁香葡萄酒。葛乐耐教授饮酒后大加称赞，说此酒尽管掺杂了丁香花的味道，但仍旧保持了古代粟特人的标准葡萄酒味道，此种味道的葡萄酒因为造酒方法的改变，现在已经在中亚和欧洲绝迹。此酒加上柔丁香味，不仅味道特异，而且更觉回味无穷。

事后，笔者专程去清徐县寻找清徐葡萄酒的来龙去脉，拜访了柔丁香葡萄酒品牌创始人、国家一级品酒师鲍明镜老先生。据他介绍，清徐的葡萄酒历史悠远，是传统的红葡萄酒，现在的柔丁香葡萄酒出自他的手，这是他大学毕业分配到清徐后研制的配方，就是在传统葡萄酒配方中又添加少许丁香花味道。这种酒试制成功后，得到人们的广泛好评，逐渐代替了传统的葡萄酒，成为清徐葡萄酒的品牌。

此话与本书主题离远了，只是一个小插曲，还是书归正传吧。

【注释】

[1] 《汉书·武帝纪》:"(元封五年冬)初置刺史部十三州。师古曰:'《汉旧仪》云初分十三州,假刺史印绶,有常治所。常以秋分行部,御史为驾四封乘传。到所部,郡国各遣一吏迎之界上,所察六条。'"《资治通鉴》卷二一:"上既攘却胡、越,开地斥境,乃置交趾、朔方之州,及冀、幽、并、兖、徐、青、扬、荆、豫、益、凉等州,凡十三部,皆置刺史焉。"西汉后期,诸州已有实职,称州牧,如《汉书·成帝纪》:"(绥和元年)十二月,罢部刺史,更置州牧,秩二千石。"《汉书·王莽传中》:"乃遣并州牧宋弘、游击都尉任萌等将兵击匈奴,至边止屯。"《后汉书·郭伋传》:"郭伋字细侯,扶风茂陵人也。高祖父解,《前书》云,解字翁伯,河内轵人,徙茂陵也。武帝时以任侠闻。父梵,为蜀郡太守。伋少有志行,哀平间辟大司空府,三迁为渔阳都尉。王莽时为上谷大尹,王莽改太守为大尹。迁并州牧。……(建武)十一年,省朔方刺史属并州。帝以卢芳据北土,乃调伋为并州牧。"

[2] 《后汉书·郡国志》:"晋阳,本唐国,有龙山,晋水所出,刺史治。"

[3] 谭其骧.山西在国史上的地位.晋阳学刊,1981(2).

[4] 平朔考古队.平朔地区十年考古综述//山西考古学会论文集(二).太原:山西人民出版社,1994.

[5] 王克林,宁立新,孙春林,等.山西省右玉县善家堡墓地.文物季刊,1992(4).

[6] 晋书·载记.北京:中华书局,1974.

[7] 山西省考古研究所.山西考古四十年.太原:山西人民出版社,1994.

[8] 史记·秦本纪.北京:中华书局,1975.
史记·六国年表.北京:中华书局,1975.

[9] 北史·齐本纪上·高祖神武帝.北京:中华书局,1974.

[10] 北史·齐本纪上·高祖神武帝.北京:中华书局,1974.

[11] 北史·齐本纪上·高祖神武帝.北京:中华书局,1974.

[12] 北史·齐本纪上·高祖神武帝.北京:中华书局,1974.

[13] 北齐书·帝纪·幼主.北京:中华书局,1972.

[14] 北史·齐本纪中·显祖文宣帝．北京:中华书局,1974.

[15] 北齐实际为六帝,连改国号前的高欢、高澄,共是八帝,即神武帝、文襄帝、文宣帝、废帝、孝昭帝、武成帝、后主,幼主,其中在晋阳即位的有废帝、孝昭帝、武成帝、后主,在晋阳驾崩的有神武帝、文宣帝、废帝、孝昭帝。

[16] 北史·齐本纪中·显祖文宣帝．北京:中华书局,1974.

[17] 周书·宇文神举传．北京:中华书局,1971.

[18] 隋书·宇文传．北京:中华书局,1973.

[19] 陈寅恪．隋唐制度渊源略论稿·叙论．北京:中华书局,1963.

[20] 魏书·卷三〇·安同传．北京:中华书局,1974.

[21] 北史·卷一·魏本纪第一．北京:中华书局,1974:32.

[22] 北史·卷二·魏本纪第二．北京:中华书局,1974:68.

[23] 北史·卷二·魏本纪第二．北京:中华书局,1974:49.

[24] 姚薇元．北朝胡姓考·外篇第四．北京:中华书局,1962:310.

[25] 赵万里．汉魏南北朝墓志集释．北京:科学出版社,1956:图版四八四．

[26] 唐耕耦,陆宏基．敦煌社会经济文献真迹释录:第一辑．北京:书目文献出版社,1986:40-41.

[27] 姚薇元．北朝胡姓考·外篇第四．北京:中华书局,1962:310.

[28] 太原文物考古研究所．太原北齐贺拔昌墓//太原考古．太原:山西古籍出版社,2003:194-209.

[29] 资治通鉴·卷九十四．北京:中华书局,1982.

[30] 荣新江．北朝隋唐粟特人之迁徙及其聚落．国学研究(第6卷).北京:北京大学出版社,1999:62-63.
荣新江．隋及唐初并州的萨保府与粟特聚落．文物,2001(4).

[31] 详见本书后文有关胡商服饰图像的内容。

[32] 陈寅恪.元白诗笺证稿.北京:生活·读书·新知三联书店,2001:120.

[33] 葛承雍.唐韵胡音与外来文明.北京:中华书局,2006:44-59.

[34] 张星烺.中西交通史料汇编(一).朱杰勤,校订.北京:中华书局,2003:130.

[35] 桑原骘藏.唐时代来往支那之西域人//桑原骘藏全集:第2卷.东京:1968.

[36] 荣新江.从撒马尔干到长安——粟特人在中国的文化遗迹.北京:北京图书馆出版社,2004:114.

[37] 荣新江.从撒马尔干到长安——粟特人在中国的文化遗迹.北京:北京图书馆出版社,2004:116.

[38] 荣新江.从撒马尔干到长安——粟特人在中国的文化遗迹.北京:北京图书馆出版社,2004:144.

[39] 山西省考古研究所,太原市文物管理委员会.太原隋斛律徹墓清理简报.文物,1992(10).

[40] 太平广记·卷二四八·赵小儿.北京:中华书局,2003.

[41] 魏书·卷一〇九·乐志.北京:中华书局,1974.

[42] 隋书·卷十四·音乐中.北京:中华书局,1973:331.

[43] 隋书·卷一百一十四·释老志.北京:中华书局,1973:3036.

[44] 〔梁〕释慧皎.高僧传.汤用彤,校注.北京:中华书局,1992:413.

[45] 陕西省考古研究所.西安发现的北周安伽墓.文物,2001(1).

[46] 杨军凯.西安北周史君墓石椁图像初探//粟特人在中国——历史、考古、语言的新探索.北京:中华书局,2005.

[47] 张庆捷.民族汇聚与文明互动——北朝社会的考古学考察.北京:商务印书馆,2010.

[48] 马玉基.大同市小站村花圪塔台北魏墓清理简报.文物,1983(8).
夏鼐.北魏封和突墓出土萨珊银盘考.文物,1983(8).

[49] 孙机.唐李寿石椁线刻《侍女图》《乐舞图》散记//中国圣火.沈阳:辽宁教育出

版社,1996:211.

[50] 山西省考古研究所,太原市考古研究所．太原北齐徐显秀墓发掘简报．文物,2003(10).

[51] 张庆捷．唐代薛儆墓线刻人物//唐代薛儆墓发掘报告．北京:科学出版社,2000.

[52] 见周天游辑注《续汉书》卷五。

[53] 见柳宗元《龙城录》。

[54] 全唐诗(第十一册)·卷三五四·刘禹锡一．北京:中华书局,1960:5182.

[55]〔美〕谢弗．唐代的外来文明．吴玉贵,译．北京:中国社会科学出版社,1995:313.

[56] 全唐诗(第十四册)·卷四七五·寄献北都留守裴令公．北京:中华书局,1960:5182.

[57] 劳费尔．中国伊朗编．北京:商务印书馆,2001:61.

[58] 童丕．中国北方的粟特遗存——山西的葡萄种植业//粟特人在中国——历史、考古、语言的新探索．北京:中华书局,2005.

长眠在山西的粟特人

| 虞 | 弘 | 墓 | 序 | 曲 |

《北史·西域传》中有关粟特国的记载如下：

> 粟特国，在葱岭之西，古之奄蔡，一名温那沙。居于大泽，在康居西北，去代一万六千里。先是匈奴杀其王而有其国，至王忽倪已三世矣。其国商人先诣凉土贩货。及魏克姑臧，悉见虏。高宗初，粟特王遣使请赎之。诏听焉。自后无朝献。

由记载可见，粟特人很早就在凉州展开贸易活动，北魏太武帝拓跋焘攻克凉州，将粟特商人全部俘获，至北魏高宗（文成帝拓跋濬）才由粟特王赎回。这是正史有关粟特与中国展开贸易的较早记载。

粟特国的来源，学界有不同意见。日本学者白鸟库吉撰《粟特国考》，认为《后汉书·西域传》中的栗弋（“粟弋”的讹字）、《魏略·西戎传》中的属繇、《晋书》中的粟弋都是suk-dok、suk-do的相近发音，即是索格底亚那（Soghdiana）。从所记载的地理位置和物产上加以考虑，应当将其看作是中亚的索格底亚那。从而，《魏书》中的粟特国也应该看作是中亚的索格底亚那。

粟特国也号“温那沙”，据余太山考证，“温那沙的‘温’，据《隋书·西域传》，是九姓昭武国之一康国国王之姓，‘那’是粟特语‘九’之讹……温那沙意为‘温姓的九王’。这是伊朗语对‘九姓昭武王’的称呼”[1]。由此可见，粟特国也属于“昭武九姓”，反过来，因为诸国都处于索格底亚那，所以学界习惯统称“昭武九姓”人为粟特人。

粟特与昭武九姓

《魏书》卷一〇二《西域列传》:“康国者，康居之后也。迁徙无常，不恒故地，自汉以来，相承不绝。其王本姓温，月氏人也。旧居祁连山北昭武城，因被匈奴所破，西逾葱岭，遂有其国。枝庶各分王，故康国左右诸国，并以昭武为姓，示不忘本也。王字世夫毕，为人宽厚，甚得众心。其妻，突厥达度可汗女也。都于萨宝水上阿禄迪城，多人居。大臣三人共掌国事。其王索发，冠七宝金花，衣绫、罗、锦、绣、白叠，其妻有髻，幪以皂巾。丈夫剪发，锦袍。各为强国，西域诸国多归之。米国、史国、曹国、何国、安国、小安国、那色波国、乌那曷国、穆国皆归附之……人皆深目、高鼻、多髯。善商贾，诸夷交易多凑其国。有大小鼓、琵琶、五弦、箜篌。”

《新唐书·西域传·康国》也记载：“康者，一曰萨末鞬，亦曰飒秣建，元魏所谓悉斤者。……君姓温，本月氏人。始居祁连北昭武城，为突厥所破，稍南依葱岭，即有其地。枝庶分王，曰安，曰曹，曰石，曰米，曰何，曰火寻，曰戊地，曰史，世谓‘九姓’，皆氏昭武。土沃宜禾，出善马，兵强诸国。人嗜酒，好歌舞于道。王帽毡，饰金杂宝。女子盘髻，蒙黑巾，缀金花。生儿以石蜜啖之，置胶于掌，欲长而甘言，持珤若黏云。习旁行书。善商贾，好利，丈夫年二十，去傍国，利所在无不至。以十二月为岁首。”

文中提及的安国、曹国、石国、米国、何国等“九姓”，学术界称之为“昭武九姓”，泛称九个国家，实际上超过九个，如钹汗国等。《北史》卷九七《西域列传·钹汗国传》：“钹汗国，都葱岭之西五百余里，古渠搜国也。王姓昭武，字阿利柒。”

“昭武九姓”位于粟特的锡尔河与阿姆河之间，以今天乌兹别克斯坦共和国撒马尔罕为中心地区，在此地区，散布着康国、曹国、何国、安国、米国、史国等，这些国家在中国史书中均有记载。如《隋书·西域传·何国》：“何国，都那密水南数里，旧是康居之地也。其王姓昭武，亦康国王之族类，字敦。都城方二里。胜兵千人。其王坐金羊座。东去曹国百五十里，西去小安国三百里，东去瓜州六千七百五十里。大业中，遣使贡方物。”

此外，石国也位于粟特地区。《北史》卷九七《西域列传·石国传》：“石国，居于药杀水，都城方十余里。其王姓石名涅。国城东南立屋，置座于中。正月六日，以王父母烧余之骨，金瓮盛置床上，巡绕而行，散以花香杂果，王率臣下设祭焉。礼终，王与夫人出就别帐，臣下以次列坐，享宴而罢。有粟、麦，多良马。其俗善战。曾贰于突厥，射匮可汗灭之，令特勤甸职摄其国事。南去钹汗六百里，东南去瓜州六千里。”

粟特人的经商精神

“昭武九姓”中，往往以粟特代表“昭武九姓”，因此“昭武九姓”人，也可以泛称粟特人。查阅有关“昭武九姓”诸国的文献，有关康国的记载较多，也比较详细。从文献观察，康国的社会风俗就是敬商和崇商，如前面引文提到的“善商贾，诸夷交易多凑其国”。《旧唐书·西戎传·康国》也记载：“生子必以石蜜内口中，明胶置掌内，欲其成长口常甘言，掌持钱如胶之黏物。俗习胡书。善商贾，争分铢之利。男子年二十，即远之旁国，来适中夏，利之所在，无所不到。”其中“利之所在，无所不到”，体现了粟特商人追求利润，不畏艰难劳苦，一往无前的商业精神。

粟特国家盛产良马，在诸国史传中，不乏“多良马”的记载，这些良马受到中原历代王朝的青睐。《魏书·西域传·洛那国》：“洛那国，故大宛国也……去代万四千四百五十里。太和三年，遣使献汗血马，自此每使朝贡。”[2] 除朝贡良马外，精明的粟特商人还将良马作为贵重商品贩卖到中原，在太原北齐娄睿墓和忻州九原岗北朝墓壁画中，都有粟特商人贩卖良马的画面，以形象的语言记录了珍贵的历史镜头。

粟特人的传统葬俗

粟特人的传统丧葬习俗资料，有三个来源，一是《阿维斯陀经》经典中涉及的，二是史书中记载的，三是出土资料中反映的。

粟特人去世后，要举行一系列仪式，日本Miho博物馆藏北齐石棺床上，就保存了一幅珍贵的粟特人丧葬图（图四四）。美国学者Jadith Lerner最早研究该图，专门撰写了《六世纪中国的中亚人——琐罗亚斯德教丧葬仪式》一文，解读该图像的内容。画面分上、下两部分。上部中央站着一位身穿长袍的祭司，戴着一个口罩，前面有一火坛，站在火前的祭司正在护持圣火。她认为这应当是“户外奉献仪式”（afrīnan）[3]。

片治肯特（Panjikent）遗址发现的反映突厥人丧葬仪式的壁画中，也有类似图像，有人守着尸体悲哀痛哭，有人在室外用小刀剺面。剺面是整个粟特丧葬仪式的组成部分，突厥人如此，粟特人亦是如此。

剺面习俗源远流长，早在公元前5世纪，古希腊历史学家希罗多德就在其著作《历史》中记载，斯奇提亚人（斯基泰人或塞种人）的国王死后，尸体要带到异族，“在尸体送到的时候，接受尸体的人和王族斯奇提亚人做同样的事情，这就是：他们割掉他们耳朵的一部分，剃了他们的头，绕着他们的臂部切一些伤痕，切伤他们的前额和鼻子，

图四四
日本 Miho 博物馆藏北齐石床榻粟特丧葬图

并且用箭刺穿他们的左手”[4]。斯奇提亚人是著名的游牧民族，在他们称雄粟特时，已经流行起后世所谓的“剺面、剪发、截耳、椎心、割鼻”诸丧俗，可以相信，粟特诸民族的此俗，应是斯奇提亚人葬俗的滥觞。

粟特人葬俗的又一特点是埋葬方式。由于他们大多是祆教徒，传统葬俗是天葬，具体方式是，人去世后，家人将死者置于山中，或等鹰鹫，或等狗群，或等野兽，食尽肉体以后，家人再将尸骨收敛于纳骨瓮（器）。有的地区是人逝世后，尸体被送到远离聚落的高台，这种台或是俗定的自然高地，或是专门修建的高台式建筑，根据具体环境而定。尸体置于台上，等到被狗或猛禽食尽尸肉，家人再将尸骨收于纳骨瓮（器），埋入墓中。上述两种葬俗略有区别，但一个重要的共同特点和禁忌是，人逝世后，不能直接将尸体埋入地下。

这种情况在中国史书中也有记载。如《魏书·西域传》记载，波斯“死者多弃尸于山，一月着服。城外有人别居，唯知丧葬之事，号为不净人。若进城市，摇铃自别”。

《通典》卷一九三引韦节《西蕃记》云:“国城外,别有二百余户,专知丧事,别筑一院,其内养狗。每有人死,即往取尸;置此院内,令狗食之,肉尽,收骸骨埋殡,无棺椁。”别筑一院,与“死者多弃尸于山,一月治服”稍见区别,但是处理尸体的方式相似,均有固定场所。

北朝和唐代,大量粟特人通过丝绸之路涌入中国,并州是主要聚集地之一，有许多粟特人聚落，这种葬俗在某些聚落仍然存在。《旧唐书》卷一一二《李暠传》记开元年间（713—741）事："太原旧俗，有僧徒以习禅为业，及死不敛，但以尸送近郊以饲鸟兽。如是积年，土人号其地为'黄坑'。侧有饿狗千数，食死人肉，前后官吏不能禁止。暠到官，申明礼宪，期不再患。发兵捕杀群狗，其风遂革。"

这种与汉族完全不同的葬俗，很容易使人把它和迁居太原的粟特人聚落联系起来。人去世后，被送到郊外一个被称作"黄坑"的地点，仍然保留了最能反映本质的因素，即天葬的特征。

为什么要实行"天葬"？与琐罗亚斯德教认为尸体肉身不洁净、人死后应尽快使骨肉分离的观念有关[5]。该教还认为，把死尸埋在地下，使土地不洁，乃是一种弥天大罪[6]。

粟特盛骨器大体分布在三个区域：一是以撒马尔罕为中心的中部粟特地区，二是以布哈拉为中心的西部粟特地区，三是以KashkaDarya绿洲为中心的南部粟特地区。绝大多数的盛骨器来自中部粟特地区，特别是撒马尔罕一带。所谓盛骨器，实际上就是一种陶制葬具[7]，形制不一，或形似房屋，或形似毡帐。有的表面有图案，有的无图案（图四五）。

图四五　粟特人的盛骨器

殿堂型石葬具的源流

椁的使用，在中国商周时期已经开始。其作用，是保护棺的，是为使棺保存时间更久。春秋战国以降，甚至出现过多重棺椁的情况。中原地区早期棺椁多用木材，由木材改为石质，起因于观念上的改变，试图延长尸体保存的时间。

文献记载，东周时期已有石椁，《华阳国志·蜀志》载："周失纲纪，蜀先称王，有蜀侯蚕丛，其目纵，始称王，死，做石棺石椁，国人从之，故俗以石棺椁为纵目人冢。"

《太平广记》也援引《西京杂记》："广川王去疾，好聚无赖，少年无赖，毕戈无度，国内冢藏一皆发掘。……魏襄王冢，文石为椁，高八尺许，广狭容四十人，以手扪椁，滑液如新，中有石床、石屏风。"魏襄王生活于战国时代，说明至迟在战国，石椁已经出现。

外形仿古代建筑的石棺，早在东汉已经出现，数量不少（图四六），多分布在今四川地区。棺上雕刻图案，内容与中国传统的丧葬观念有关，主要是仙境、升仙、墓主日常生活、历史人物故事、驱鬼镇魔、珍禽异兽、祥花瑞草等[8]。

北魏定都平城后，社会上流行起石椁葬具。有的达官贵人死后，葬具采用殿堂式石椁。1997 年，大同市考古研究所配合基建工程，在南郊智家堡抢救性清理了一座北魏墓，内有一仿硬山顶建筑的石椁。石椁长约 2.5 米，宽约 1.5 米，高约 1.5 米，由数十块不同形状的砂岩拼合而成。椁壁四周、梁架及顶部皆绘有壁画或图案。壁画内容较多，反映了鲜卑贵族的日常生活[9]。

2000 年夏季，山西省考古研究所和大同市考古研究所在大同市雁北师院联合发掘了一个北魏墓群，共发掘北魏前期墓葬 11 座，其中 5 号墓为单室砖室墓，墓中有明确纪年，为“大代太和元年”，墓主人为宋绍祖。该墓出土一个前廊后室的石椁，外观呈木构三开间悬山顶式殿堂建筑，最长处约 3.48 米，最宽处约 3.38 米，最高约 2.4 米，由百余件青石构筑而成[10]（图四七）。

有趣的是，这个石椁顶上刻有题记，记载着修造该墓和石椁的情况，是极为珍贵的资料[11]。迄今为止，在平城遗址周围，已出土不少石椁葬具，有的简陋，有的精美，然而在北魏葬具中，所占比例不足百分之一。北魏也有仿建筑木椁，数量较少，均为残件。

北魏迁都洛阳后，上层贵族仍然使用石椁。最著名的应该是宁懋石室，石室四周阴刻着孝子故事。

北周、北齐墓中，有石椁，也有木椁。西安北周史君墓出土过石椁。寿阳北齐库狄迴洛墓中发现过仿建筑木椁，已经腐朽倒塌，但残件清晰可见[12]。

隋唐有仿殿堂形制的石棺椁。隋唐间最著名的仿殿堂石棺，当为

图四六　四川乐山肖霸东汉石棺

图四七　大同宋绍祖墓石椁

陕西发现的李静训墓石棺。

巫鸿先生考察过北朝仿建筑石椁的演变，认为其发展、延续的原因，既有“不朽性”的考虑，也有“纪念性”的因素，以石材作为营建葬具的原料，主要为满足追求死后不朽并作为地下永久居所的需要[13]。

这种仿殿堂石椁，以前一直沿用“石椁”旧称。2003 年，西安北周墓出土一方史君墓志，称墓内殿堂形石椁为“石堂”。2014 年，大同北朝艺术博物馆收藏了一件北魏太安四年的石葬具，墓主人是解兴，明确记载其葬具为“石堂”[14]。此外，在古代文献中，石室之名屡见不鲜。堂、室性质相同，同为建筑形式，所以将仿殿堂形式的石椁称为“石堂”或“石室”，甚至“石椁”，似乎皆宜，一物三名，名异而实同。如果比较三者名称，细寻差异，可以说，石椁之名使用较多，石堂和石室之名较为形象，尤其是石堂，有北魏解兴墓石堂和北周史君墓石堂之前例可证。因此本书随之将虞弘墓石葬具改称“石堂”，特此说明，望读者明其源流。

虞弘墓石堂

虞弘墓石堂系汉白玉雕凿而成，外形像一所殿堂，被安放在墓室中部略偏北处。石堂外观呈三开间、歇山顶式殿堂建筑，由底座、中部四壁、顶部和廊柱几部分组成，每一部分又由数块或十几块汉白玉组成（图四八）。

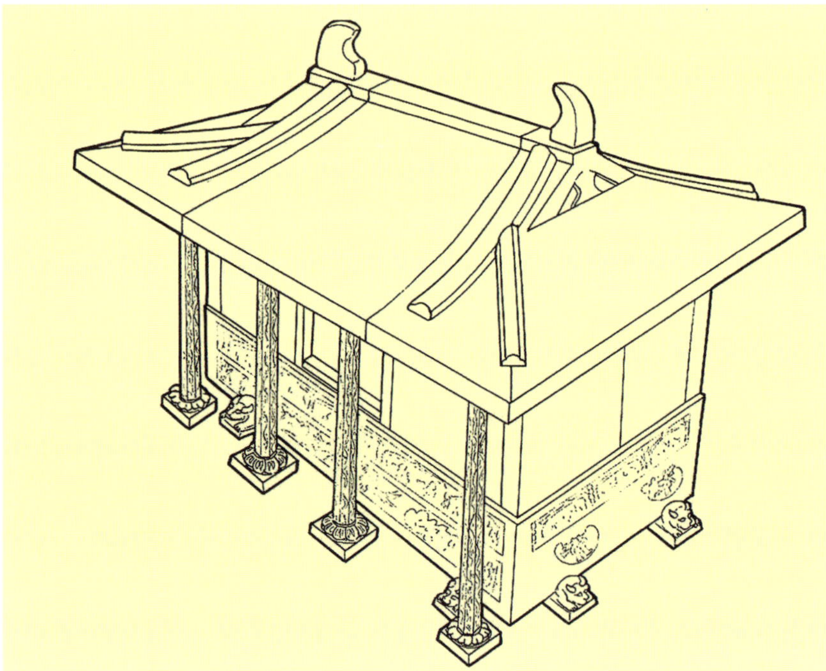

图四八　虞弘墓石堂复原图

石堂中部的九块堂壁石板上，前面两块朝外，表面满雕图案。其他七块石板也有浅浮雕，浮雕面朝里，低处只有2毫米，高处约8毫米，有的边角圆润，有的峭直，似非一人所刻。这七块石板朝外的一面，只有墨线绘的图案。因常年水浸，墨图逐渐被泡蚀剥落，有的还可看清轮廓线，有的仅能看清部分画面。

石堂下部是底座，是一个扁长方形箱体，长约247.5厘米，宽约138

厘米，高约 54.5 厘米，由两长两短四块汉白玉石板围合组成。底座四周表面或雕或绘壶门和壁龛，分上下两排，上排为壁龛，下排主要为壶门，壁龛和壶门内皆有人物和其他图案。

底座下四面近角处又各有两个狮首座垫，连上座垫，底座总高约 65 厘米，长 247.5 厘米，宽 138 厘米（图四九）。

底座下垫着的狮首座垫也由汉白玉制成，每边两个，共 8 个。从底座到鸱尾，全高约 236 厘米。

石葬具是中国古代传统葬具形式之一，除前文已经谈过的石堂外，

图四九 虞弘墓石堂底座

北魏又出现一些石床榻或石棺床。石榻来源于汉代的木榻，在大同智家堡北魏石堂壁画、太原一电厂北齐壁画墓和太原北齐徐显秀墓壁画中均有木榻图像[15]。入华粟特人墓中，石堂和石床榻都有，可见他们的葬具只是利用中原固有的形式，并没有使用本民族传统葬具，也没有其他创造性的葬具。

入华粟特人为什么要使用石葬具？初步推测，入华粟特人的葬俗，随着大环境的改变而不得不发生变化，石堂也好，石榻也好，都是石质葬具，封闭性和牢固性都比较好，比木葬具更接近于他们传统的盛骨器葬具，所以在汉族的木葬具与石葬具之间选择，他们自然选取了与盛骨器相对接近的石葬具。

入华粟特人采取任何形式的石葬具，都有很大意义，因为这些石葬具的形式来源于汉族，只要采用，就表明入华粟特人迈开了汉化的步伐。

虞弘墓是夫妇合葬墓，两人的遗骨均在，未见烧过的痕迹，石堂体积大，足够容纳两个人的尸体，不能不使人推测，虞弘夫妇很可能是未经“天葬”程序就直接埋葬的。如果推测成立，便进一步证明虞弘一族在葬俗方面汉化程度较高。

汉白玉石堂晶莹雪白，造价高昂，使用这样的葬具，首先得有足够的经济能力，其次得有与之相适应的身份。虞弘既是“检校萨保府”的官员，又是粟特聚落的首领，双重身份，有地位，有财富，因此有资格和财力使用这样的石堂。

长眠在山西的粟特人

入华粟特人与萨宝府有密切关系。萨宝府是北朝、隋、唐管理入华粟特人的官方机构。姜伯勤先生认为，“萨宝府首先是一个政事机构。……其职务其实是伊兰系胡户聚居点上的一种政教兼理的蕃客大首领”[16]。隋代对萨宝设置的规定是，“诸州胡二百户已上萨宝为视正九品”[17]。可见萨宝府官员也是有品位的政府官员。并州有过摩诃大萨宝，如翟突娑之父，有过虞弘这样“检校萨保府”的官员，说明并州的粟特人数量一定不少。

如果我们反复品嚼《虞弘墓志》中“大象末，左丞相府，兼领并、代、介三州乡团，检校萨保府”的志文，可以感悟并、代、介三州乡团与萨宝府之间的关系。周伟洲指出，并、代、介三州乡团的成员很可能有大量的粟特人，所以才由虞弘“兼领并、代、介三州乡团，检校萨保府”，以便他从乡团与萨宝府两方面来管理粟特人[18]。

近年在山西汾阳发现一块唐代粟特人曹怡的墓志（图五〇），志文记载：“君讳怡……祖贵，齐壮武将军；父遵，皇朝介州萨宝府车骑骑都尉。”这块墓志极为重要，曹怡显然是“昭武九姓”中曹国后裔。他死于永徽六年（655），终年 75 岁。据此推算，他生于 581 年，即隋文帝杨坚建立隋朝之年。他父亲曾任“皇朝介州萨宝府车骑骑都尉”，这个“皇朝”，显然指唐朝。唐朝建立于 618 年。既然他父亲

图五〇　唐曹怡墓志盖及墓志

在唐朝还担任官职，年龄已经不算太小，就算 581 年其父是 20 岁，到 618 年，已经 57 岁。他父亲担任此职的具体年代不详，如以一般人的寿命来算，他父亲即使当了 10 年此职，也是在唐太宗贞观年前 [19]。

通过对墓志分析可以得到如下认识：一是证实介州确实有萨宝府，与虞弘墓志记载的虞弘“大象末，左丞相府，兼领并、代、介三州乡团，检校萨保府”正相吻合，并更有力地证明，当时在并州、代州和介州都有萨宝府，表明在这几州，粟特人数量很多；二是进一步透露出，萨宝府不单单负责入华粟特人的商业、居住、生活等事项，萨宝府下设“车骑骑都尉”，应与虞弘墓志提到的“乡团”有关，职位由粟特人担当；三是由曹怡祖父、父亲和他的经历看，萨宝府的官职不是世袭，而是隶属于中央官职系统。

即使在今雁北地区，当时也有许多粟特人在活动。2000年，在山西应县西南约十公里的桑干河畔东岸栗家坊村，发现唐石善达墓志（图五一）。墓志显示：“大唐北京太原府朔州兴唐军□（石）府君墓志。府君善达公。高皇本自凉州武威郡人也。承司徒□□」□，□季伦之胤绪。是以宗族芳荣，枝连勋业。国官随□，□」□□地。树封松竹，颇历年岁。公气概凌（？）云，英彦（？）竭俊（？）。为人也，允□」□□；为官也，功赏宽刑。乡闾传济济之名，郡邑标闟闟之信。何图□□」□□，太（？）□夜台。府君年六十八，以光化二年十二月十五日终于私□。□」□□□亡（？）夫人泾州安定郡安氏。……□□年卌八，振武节度押衙。迪光，年卌五。千郎，卅九。夫人王氏，何氏，康氏，史（氏）」。”

殷宪先生从三个方面考证后认为：“这位善达公姓石氏该无问题了。所以我们将此志称为《石善达墓志》。”[20]石国正是粟特“昭武九姓”之一，石善达夫人安氏，显然是粟特“昭武九姓”中的安国人。初入中原的粟特人，往往互通婚姻。甚至他们的儿子，娶得也多是粟特人后裔，如儿媳中的何氏、康氏、史（氏），分别来自何国、

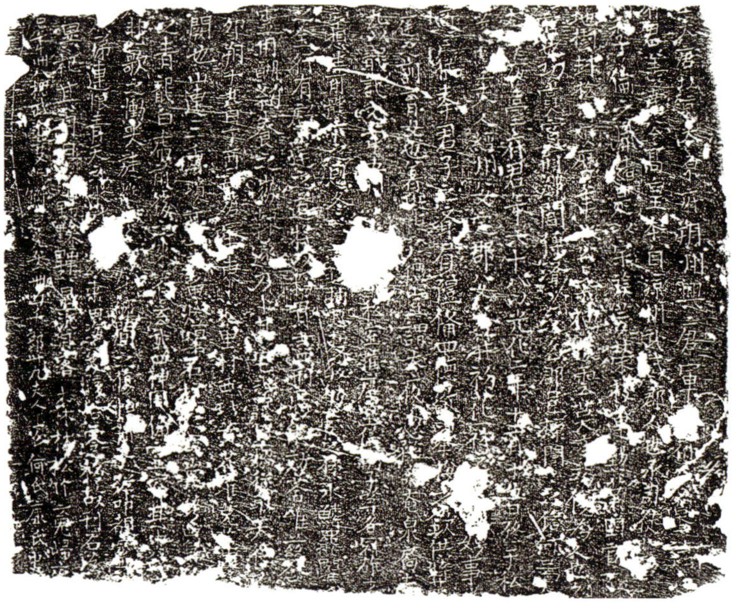

图五一 石善达墓志

康国和史国。

太原唐墓出土的另一组墓志，进一步增加了我们对并州粟特聚落和萨宝府的认识。这组墓志中最早的一块是龙润墓志（图五二），有关文字如下：

君讳润，字恒伽，并州晋阳人也。白银发地，□崖穴蛇之山。祖先感其谲诡，表灵异而称族。凿空鼻始，爰自少昊之君；实录采奇，继以西楚之将。及汉元帝，显姓名于史游。马援之称伯高，慕其为人，敬之重之。《晋中兴书》，特记隐士子伟，以高迈绝伦，并异代英贤，郁郁如松，硌硌如玉者也。曾祖康基，高其青、莱二州刺史，畺（疆）

图五二 龙润墓志

场比邻，风化如一。祖盆生，元魏冀州刺史，得绥抚之望，朝廷嘉美，进号义同。父求真，周光有天下，举先岩穴，就拜仪同三司。君属隋德道消，嘉遁贞利，资业温厚，用免驱驰。唐基缔构，草昧区夏。义旗西指，首授朝散大夫，又署萨宝府长史。贞观廿年（646），春秋寥廓，已八十有余。驾幸晋阳，亲问耆老，诏板授辽州刺史……永徽四年（653）九月十日，薨于安仁坊之第，春秋九十有三……永徽六年（655）二月廿日，附身附椁，必诚必信，送终礼备，与夫人何氏，合葬于并城北廿里井谷村东义井村北。

此志在 1984 年 10 月出土于太原市北郊区小井峪村东，同地出土的同一龙姓家族的墓志还有龙润子龙义（显庆二年，即657年卒）、龙澄（战死，龙朔元年，即661年葬）、龙敏（开耀元年，即681年卒），孙龙寿（延载元年，即694年卒），曾孙龙睿（开元二十九年，即741年卒）等人的墓志，表明这是一处家族墓地。

荣新江先生认为，虽然龙润墓志中有龙姓来自少昊的说法，但这种后人的编造不足凭信。在汉文史料和文书中，龙姓是西域焉耆王国居民东迁中原以后所用的姓氏。出任萨宝府长史的龙润，应当是焉耆胡后裔。其夫人何氏，应当出于"昭武九姓"中的何国。其他子孙有夫人记载者，龙义夫人粟氏、龙睿夫人张氏，表明他们逐渐与汉族人通婚。

龙润任并州萨宝府长史是在唐朝初年，最晚不晚于贞观二十年，说明虞弘检校过的并州萨宝府和粟特聚落依然存在，所住地名"安仁坊"，顾名思义，有安置外来人之意。

直到唐末五代，并州仍居住着许多粟特人。就出土材料看，他们仍旧自成聚落，个别人已经担任官职。在他们之间，还尽量保留着特殊的婚姻关系，这种情况从"大晋何公墓志"中即可反映出来（图五三）。该墓志现藏于山西省艺术博物馆，据说出土于太原北部，出土的时间、确切地点和伴出的随葬品均不清楚。早在20世纪80年代，曾有学者在《山西文物》上介绍过此墓志[21]，但失之简约。为了更好地分析五代时活跃在并州的粟特人及其婚姻状况，笔者再次核对、标点了该墓志，今将志文核录如下：

图五三　大晋何公墓志

大晋故鸡田府部落长史何公墓志铭并序

《易》曰：知生而不知死，德而不丧；知存不亡名其雄，圣人乎？由是知荣禄有杖之期，生死而无究竟之路。则知寿有短长，荣无久固也。

公讳君政，家本大同人也。公主领部落，抚弱遏强，矜贫恤寡。家崇文武，世袭冠裳。传孝悌之风仪，绍恭俭之礼让。分枝引流，不可究源。皆继簪缨，拖金拽紫。尽为侯伯，各有功勋。公不幸忽染时疾，药疗无医，去长兴三年〔后唐长兴三年（932）〕十二月一日，于代州横水镇终于天命。

夫人安氏，星姿降瑞，月彩呈祥，行美芝兰，德彰闺壶，忽以身萦疾□，药疗无征，须臾莫返香魂，倏忽而俄辞白日，以天祐年四月十九□在京宅内。有男五人。

弟二随驾兵马使充左突骑十将，天祐年十二月廿四日从庄宗帝于河南胡柳陂为国战効身殁，敬周。弟三随驾兵马使充左突骑副将，敬千，同光年四月廿三日身殁封坟，殡在庚穴。

长男北京押衙充火山军使、银青光禄大夫、检校工部尚书兼御史大夫、上柱国，敬文。次随驾右备征军指挥使，银青光禄大夫、检校右仆射兼御史大夫、上柱国，敬万。次随驾左护圣弟（第）一军副兵马使、银青光禄大夫、检校工部尚书兼御史大夫、上柱国，敬超。

新妇三人，长安氏、次康氏、次康氏。孙男九人，从荣、重进、小哥、韩十九、憨哥、小厮儿、小猪、小憨、王七。新妇宗氏，重孙兜儿。

长男敬文等，俱以义烈门风，孝传井邑。以年匪顺，灵圹不迁。今就吉辰，方茔宅穸。即以天福四年（939）十一月十七日葬于阳曲县连师乡相辅村□。圣地迁合，并置新茔平源（原），礼也。

其铭曰：□有奇仁，迥摽风格。名重珪璋，智匡郡邑。一任长史，累迁荣禄。尽喜来珠，咸□大兽。安氏夫人，星姿降质。疾构繐幃，身终兰室。贤男贤女，有□□□。晨昏□问，冬夏温凊。卜其宅地兮广茔藏事，乌兔助坟兮旌其孝志，刊勒贞珉兮树德遗芳，地久天长兮百千万祀。

此墓志是何敬万兄弟为他们父母所刻立。墓主人是“昭武九姓”中的何国人何君政，他的夫人姓安，是安国人。甚至他的几个儿媳，“长安氏、次康氏、次康氏”，也是粟特人后裔。孙媳是宗氏，国别不详。毫无疑问，安氏和康氏是“昭武九姓”中的安国人和康国人，都来自粟特的两河流域。墓主人两代人的婚姻情况，至少说明，五代时，并州还有大量粟特人，这些粟特人往往是内部通婚，反映出他们可能还是聚族而居，没有与汉民族完全融合[22]。

墓主何君政曾任鸡田府部落长史，这是很值得注意的一个官府名称。鸡田府，史书不载，但史书记载有鸡田州。《旧唐书·地理一·关内道》：“鸡田州，寄在回乐县界，突厥九姓部落所处。”[23]蔡泓生先生著的《唐代九姓胡与突厥文化》指出，九姓胡源于“昭武九姓”[24]。

《旧唐书·李光进传》：“李光进，本河曲部落稽阿跌之族也。父良臣，袭鸡田州刺史，隶朔方军。”有趣的是，李光进父亲的墓志也被发现了。《山右石刻丛编》卷七收有《唐故开府仪同三司鸡田州刺史中丞赠太保李公墓碑》，可与此墓志对应。鸡田部落多为沙陀族人，何君政担任鸡田府部落长史，说明鸡田府中存在一定数量的粟特人。

陈寅恪先生在《论唐代之蕃将与府兵》一文中考证指出，从唐到五代，都有不少粟特人担任将领。从墓志看，沙陀族进入山西时，有许多粟特人跟随进来。另外，何家父子俱为沙陀族效力，何君政的几个儿子都任沙陀政权官员，先为沙陀族人李克用（李克用墓在山西代县被发掘，出土有墓志）、李存勖的后唐政权服务，继为粟特人石敬瑭的后晋政权服务[25]，可见粟特人与沙陀族人关系非常密切。最有深意的是，一是该墓志叙述后梁时的事情，却不承认后梁年号，一直沿用唐朝年号，待叙述到后唐、后晋时，却用上具体年号，表现出对后梁政权的憎厌；二是比较而言，何家对粟特人石敬瑭建立的后晋政权情有独钟，何君政本来死于后唐，墓志中却称他为“大晋故鸡田府部落长史”。

何国人进入并州的时间约在隋代。《通典》卷一九三记述，何国“大业中及大唐武德、贞观中，皆遣使来贡”。唐初在晋阳去世的粟特人龙润，其夫人就来自何国[26]。唐代，更多何国人进入大唐，有的举家搬迁，何君政家庭就是其中之一。又如《大晋故陈留县君何氏墓志铭文并序》：“县君姓何，太原郡晋阳县人也，自长兴元年十月日除授告县君。……即以己亥岁天福四年五月二十五日终于洛京水北景行坊宅斯室，年六十五。……哀次子元超……充护圣右第三指挥、第五都副兵马使。”[27]

志文第四部分介绍何君政的五个儿子、儿媳和孙子、重孙等人，又分三部分：第一部分是追述逝世的二子与三子，第二部分叙述在世的长子、四子和五子，第三部分记述儿媳和孙辈。值得留意的是，此墓志乃长子所写，因此他称何君政的二子为“二弟”。志文中的“弟二”，实为二弟。同理，下文的“弟三”为三弟。志文载二弟何敬周为李存勖的随驾兵马使、充左突骑十将，在天祐年十二月廿四日，从庄宗帝于河南胡柳陂为国战效身殁。兵马使是唐代方镇的重要武职僚佐，五代沿用。突骑也是军职。《旧五代史・袁建丰传》：“以功迁左亲骑军使，转突骑指挥使。”同书《唐明宗纪一》:“天祐五年五月，庄宗亲将兵以救潞州之围，帝时领突骑左右军与周德威分为二广。”可见当时有左突骑与右突骑，下面又分为突骑将与突骑副将。汉代已出现“突骑”一词，如《汉书》卷四九《爰盎晁错传》:“若夫平原易地，轻车突骑，则匈奴之众易桡乱也。” 对于《汉书》中“突骑”一词的含义，颜师古注为:“突骑，其言骁锐可用冲突敌人也。”到唐、五代，突骑已经发展成正式军职。

除何国人外，山西还发现了其他粟特人的墓志，如在应县发现的“曹公墓志”“康公墓志”“何公墓志”，大同发现的唐代“石府君墓志”等，都可以互相参证。

上述资料表明，并州的粟特人相当活跃，有许多粟特人生于斯，长于斯，甚至老于斯，葬于斯。在这种历史背景下，粟特人长眠在晋阳，就成为顺理成章的事情。

【注释】

[1] 余太山．两汉魏晋南北朝正史有关早期 SOGDIANA 的记载 // 粟特人在中国——历史、考古、语言的新探索．北京：中华书局，2005:285.

[2] 魏书・卷九十・西域传・洛那国．北京：中华书局，1974.

[3] J. Lemex，“CentralAsiansinSixth-CeaturyChina：AZoroastrianFuneraryRite”，IranicaAntiqua，XXX，1995:179-190.

[4] 希罗多德．历史：上册．王以铸，译．北京：商务印书馆，1997:292.

[5] 龚方震，晏可佳．祆教史．上海：上海社会科学院出版社，1998:72.

[6] 林悟殊．中古琐罗亚斯德教葬俗及其在中亚的遗痕 // 波斯拜火教与古代中国．台北：新文丰出版公司，1995:88.

[7] L.V.Pavchinskaia，“Songdian Ossuaries”，pp.20-224. 转引自荣新江的《中古中国与外来文明》。

[8] 罗二虎．汉代画像石棺．成都：巴蜀书社，2002.
信立祥．汉代画像石综合研究．北京：文物出版社，2000.

[9] 王银田．大同智家堡北魏墓石椁壁画．文物，2001(7).

[10] 山西省考古研究所，大同市考古研究所．大同市北魏宋绍祖墓发掘简报．文物，2001(7).

[11] 张庆捷，刘俊喜．北魏宋绍祖墓两处铭记析．文物，2001(7).

[12] 王克林．北齐库狄迴洛墓．考古学报，1979(3).

[13] WU Hung：A Case of Cultural Interaction：House shaped Sarcophagi of the Northern Dynasties. Orientations May2002. 转引自荣新江的《中古中国与外来文明》.

[14] 张庆捷．北魏石堂棺床与附属壁画文字——以新发现解兴石堂为例探讨葬俗文化的变迁 // 北京大学中国考古学研究中心．两个世界的徘徊：中古时期丧葬观念风俗与礼仪制度学术研讨会论文集．北京：科学出版社，2016.

[15] 王银田,刘俊喜 . 大同智家堡北魏墓石椁壁画 . 文物,2001(7).
山西省考古研究所,太原市文物管理委员会 . 太原南郊北齐壁画墓 . 文物,1990(12).
山西省考古研究所,太原市考古研究所 . 太原北齐徐显秀墓发掘简报 . 文物,2003(10).

[16] 姜伯勤 . 萨宝府制度源流论略 // 华学(第三辑). 北京:紫禁城出版社,1998.

[17] 隋书 · 卷二八 · 百官下 . 北京:中华书局,1973.

[18] 周伟洲 . 隋虞弘墓志释证 // 荣新江,李孝聪 . 中外关系史——新史料与新问题 . 北京:科学出版社,2004:247-258.
张庆捷 .《虞弘墓志》中的几个问题 . 文物,2001(1).

[19] 张庆捷 .《大晋故鸡田府部落长史何公墓志铭》发微 // 中山大学历史系 . 纪念岑仲勉先生诞辰 130 周年国际学术研讨会论文,2016.

[20] 殷宪 .《唐石善达墓志》考略 . 唐研究(第十二卷). 北京:北京大学出版社,2006.

[21] 文博 . 大晋何公墓志 . 山西文物,1982.

[22] 张庆捷 . 唐代《曹怡墓志》有关入华胡人的几个问题 // 荣新江,罗丰 . 粟特人在中国:考古发现与出土文献的新印证 . 北京:科学出版社,2016.

[23] 旧唐书 · 卷三八 · 地理一 · 关内道 . 北京 : 中华书局,1975.

[24] 蔡鸿生 . 唐代九姓胡与突厥文化 . 北京:中华书局,1998:2.

[25] 岑仲勉《隋唐史》第五十二节《沙陀之起并辨石晋不是突厥族,沙陀》认为石敬瑭是粟特石国人。何氏死于后唐而立大晋何公墓志,与此应有一定之关系。

[26] 太原市三晋文化研究会,《晋阳古刻选》编辑委员会 . 晋阳古刻选:隋唐五代墓志 . 北京:文物出版社,2013.

[27] 周阿根 . 五代墓志汇考 · 安万金妻何氏墓志 . 合肥:黄山书社,2012:398-399.

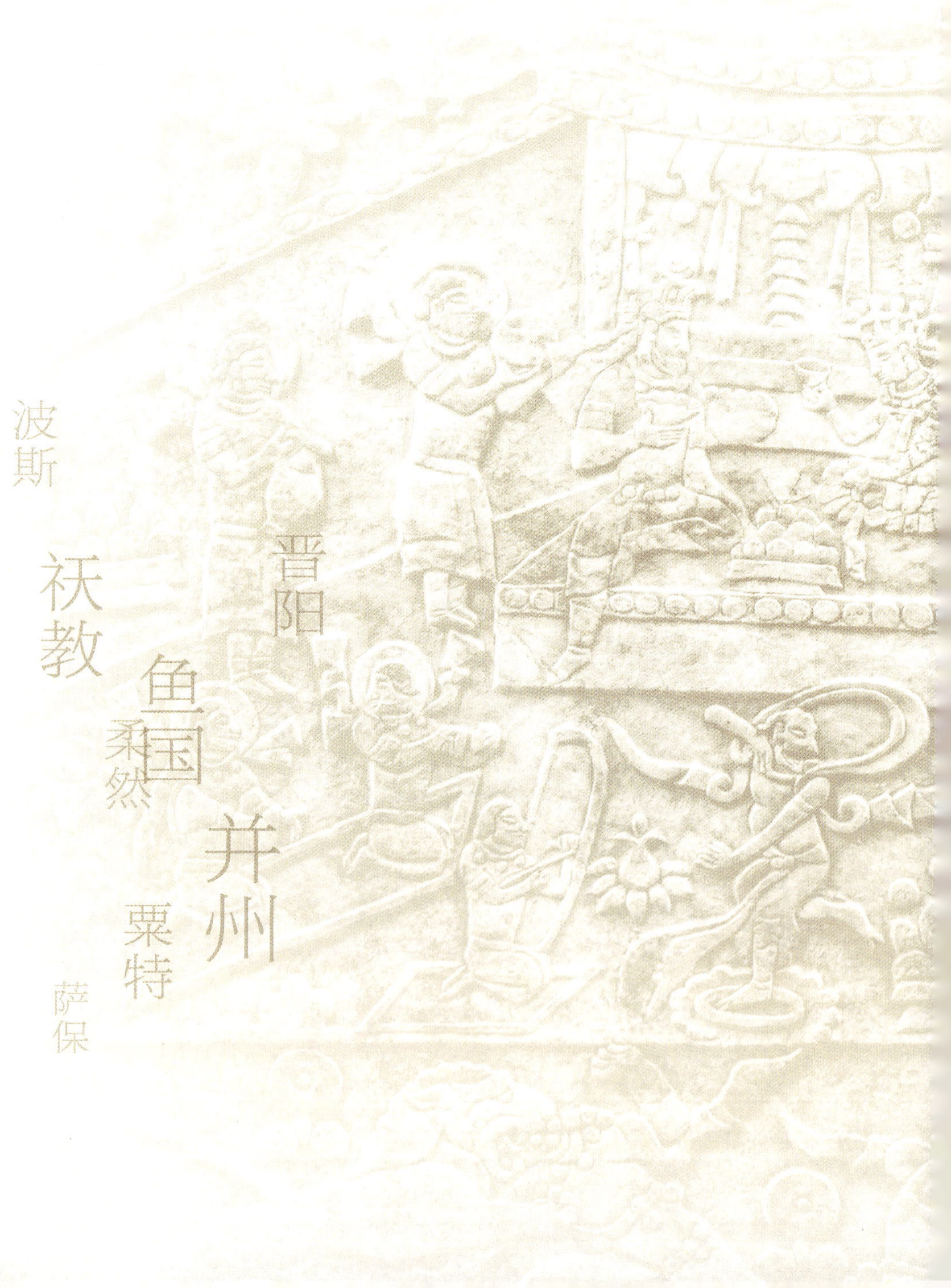

晋阳

并州

鱼国

粟特

柔然

祆教

萨保

波斯

解读虞弘墓

石堂图像解读

解读虞弘墓

Interpretation of Yu Hong's Tomb

石堂图像解读

图像构成

虞弘墓石堂画面精彩纷呈，令人惊叹不已。考古工作者在清理过程中，就被表现异域风情的艺术内容和形式所震撼。

虞弘墓石堂内外上下都有图像，这些图像内容是一个整体，还是几个部分？经过观察、分析，我们认为，虞弘墓石堂图像是一个以粟特、西亚为背景展开的，由几方面内容组成的整体，是一个由许多单幅图像组成的历史画卷，犹如一本连环画，讲述着墓主人的生活经历以及遥远国度的风俗信仰。根据画像自身的内容和布局，虞弘墓石堂图像分成三个部分。

石堂中部由九块石板组成的石堂墙壁浮雕图像应是第一部分。九块石板上，都各浮雕一大一小、一主一辅两个画面，再加以彩绘。主画面较大，气势非凡，位置格外醒目，浮雕工艺精良，人物身份高贵，无疑在所有画面中占有主要地位。与北朝墓室壁画相比，它们的位置相当于墓室四壁的壁画。这部分浮雕的内容和墓主人有直接关系，所以把它们看作虞弘墓石堂图像的第一组成部分（图五四）。

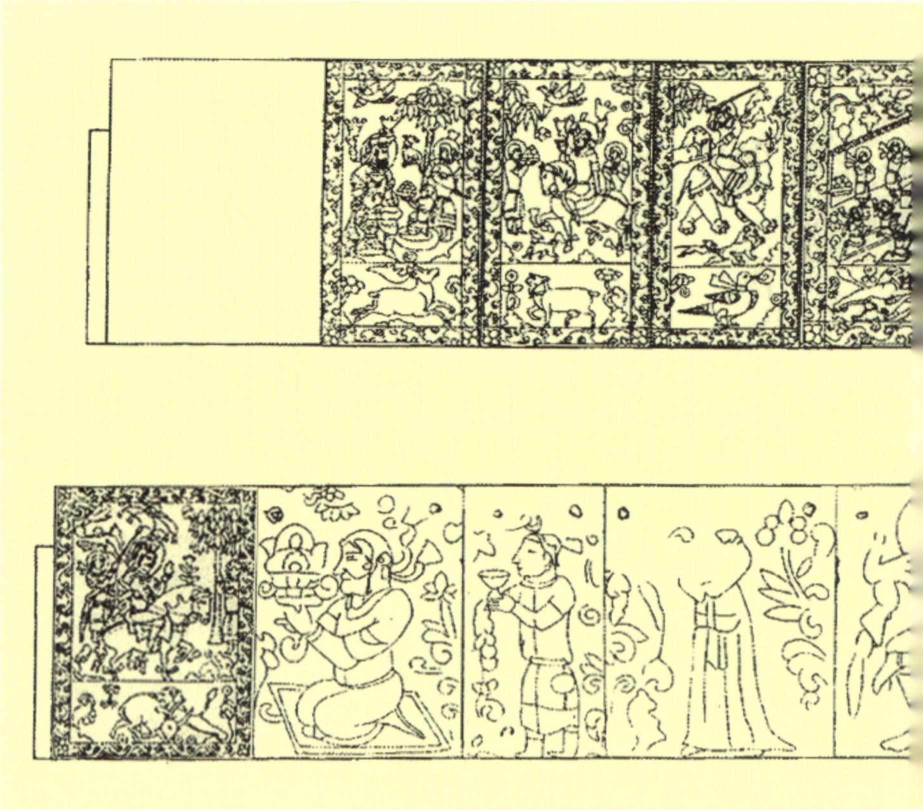

在九块石板中间七块的朝外部分，又各用白地墨线画了一个侍者，画面很大，工艺简单，五男二女，或跪或立，有的端盘，有的捧杯，有的徒手恭谨站立。这类身份的人，在北朝传统墓葬壁画中，虽然身份低下，然而都是与墓主人贴近的人物，往往被绘置于墓室中。考虑及此，所以把他们看作虞弘墓石堂图像的第二组成部分。

图五四 虞弘墓石堂第一、第二部分图像展开图

虞弘墓石堂的底座外壁也有图像，其中正面、左右侧面的图像都是浮雕加彩绘，背面的图像则只有彩绘，没有浮雕。底座四周画面共29幅，雕绘于四周外壁特定的壁龛和壸门内，内容和民族成分较为复杂，表现了游牧民族现实的日常生活。这些人物气质、服饰虽不及第一部分的中心人物，却强于第二部分的侍者，除突厥人外，其余人都有头光和帔帛。他们也是单独的画面，画面较小，分布密集，所以将这部分画面看作虞弘墓石堂图像的第三组成部分。

图像解读

第一部分图像

第一部分由九块石板雕绘相连而成，每块有一大一小两幅图案，上大下小，皆为浮雕加彩绘，是整个石堂图像中最精彩的部分，也是系列的历史画卷。石堂门两侧的两幅浮雕画面朝外，其余七块浮雕画面朝内。每幅既是独立的画面，又有一定的内在联系，倾诉着鲜为人知的故事和粟特人对冥世的设想。为便于描述，我们将此部分的九块浮雕画面编为1—9号，见表一：

表一　**第一部分图像登记表**

序号	图像位置	图像内容		图像高度	图像宽度	备注
		大图	小图			
1	石堂正面，门左，画面朝外。	出行	神马	95.7 厘米	69 厘米	浮雕加彩绘
2	石堂左面，画面朝里。	酿制葡萄酒	神马与雄狮搏斗	95.5 厘米	58 厘米	浮雕加彩绘
3	石堂左面，画面朝里。	骑驼射狮	饮酒	96 厘米	47.5 厘米	浮雕加彩绘
4	石堂背面，画面朝里。	骑驼猎驼	羚羊	95.6 厘米	66 厘米	浮雕加彩绘
5	石堂背面，画面朝里。	宴饮乐舞	人狮搏斗	96 厘米	100.5 厘米	浮雕加彩绘
6	石堂背面，画面朝里。	骑象杀狮	鸽子	96 厘米	49 厘米	浮雕加彩绘
7	石堂右面，画面朝里。	行旅	山羊	96.5 厘米	55.2 厘米	浮雕加彩绘
8	石堂右面，画面朝里。	行途休息	白鹿	95.8 厘米	52 厘米	浮雕加彩绘
9	石堂正面，门右，画面朝外。	出行	牛狮搏斗	95.8 厘米	70.5 厘米	浮雕加彩绘

图像内容解读如下：

● **出行图（图五五）**

这是一组四周雕有肥叶忍冬纹花边的浮雕作品，也是艺术家所要表现的一系列画卷的首幅图像。忍冬花边内，画面分主次两部分，上部大画面近于方形，下部小画面呈横长方形。

上部画面中，一匹骏马占据了抢眼位置。以马为中心，环绕四位粟特人，均为男性，深目高鼻，剪发至颈[1]，身袭圆领窄袖红色长袍，袍中部束一宽腰带，吊着一个近似长方形的囊带。其中一人手牵缰绳；内侧一人准备上马，扬起双臂；还有二人左臂下紧紧挟着一扁平的长方形物，当为茵褥[2]，以备途中使用。在马、小狗和人上方，有两只美丽的鸟，衔着一条葡萄枝蔓。马前方雕绘着一棵树，树干笔直，上部分为三叉，每叉上均有叶，七八片为一组，上结一种蘑菇形状的果实。经李炳涛教授考证，这种树是番木瓜科古番木瓜属的野生古万寿果，在古印度寺庙种植较多，我国也曾种植过，现已灭绝。

这些树与成串的葡萄，反映了一个有意义的地理环境。透过地理环境，似乎可以感知画面人物存在的地域背景。应当说，画中人物所处之地是一个盛产葡萄的地区。

这个大图案下方的横长方形小图案中，主体也是一匹奔驰的红色骏马，两侧有双翅，背上飘着长长的红、白、绿相间的彩带。从马的后半身起，采用了变形艺术处理，将腰腹、臀部和后腿变形为鱼的后

图五五　石堂前部东侧图案

半身，马尾化为一个有红有绿的花尾[3]。马身上没有任何笼头、马鞍，处于鲜花的簇拥之中，安详悠闲，神态自若，更像是一匹神马。

在中国古代，少见类似的神马形态。相传，希腊神话中有双翼神马，名珀伽索斯，为妖女美杜莎与海神波塞冬所生，被天父宙斯之子珀耳修斯驯服，后飞到宇宙，成为飞马座。据说这匹马在赫利孔山上飞奔时踏出了希波克里尼灵感泉，诗人饮之可获灵感，因此这匹飞马也被视为文艺、科学女神缪斯的标志。波斯深受希腊文化影响，考察虞弘墓图像，不可忽视波斯文化的来龙去脉。

这块浮雕是表现人、自然与动物的和谐统一。以马和四个粟特人为外在艺术形象，构成该画面的主要内容，表现一个与出行有关的主题。是表现墓主人过去生活中的某一场景，抑或奉命出使他国，抑或远赴冥世或天庭，还是要率领商帮远行贸易，究竟出行到哪里，画面给读者留下了丰富的想象空间。

● 酿制葡萄酒图（图五六）

雕绘同样分为上、下两部分，重点突出人的活动及场景。上部大图案中，有一个精雕细刻的六角台座，应是一个巨大的变形木桶或池子。台上栏杆内，三个男子手臂相挽，跳着舞蹈。从步伐看，舞蹈是轻松快乐的。从内容上看，像是一种庆祝丰收的舞蹈，左右舞蹈者手上各抓着一枝葡萄枝，说明与葡萄有关。

与此相呼应，在舞蹈者上方，布满葡萄叶蔓、葡萄和万寿果树及

图五六　石堂东部南侧图案

果实。一只展翅飞翔的鸟，颈部系一丝带，俯视着三个舞蹈者，与舞蹈者构成一幅欢庆的画面。

台座下左侧有二人，均为男性，一外一内。外侧一人有头光，黑色短发紧贴头后，深目高鼻，喜眉笑眼，戴着耳环。肩后飘着两条丝带。身穿一件前开口的宽边长袍，双手在胸前抱一敞口圈足大坛。内侧一人半露上身，双手忙着做活，侧头与第一人交谈。

这些人表现的是什么主题？盛产葡萄酒的民族，过去都熟悉这种景象，原来这是一幅与酿制葡萄酒有关的画面。台上是一种特殊的舞蹈，主要表现踩榨葡萄汁时，抑制不住丰收的欢喜，不禁边跳舞边踩榨葡萄，将葡萄汁挤出来，流进准备好的容器中。台下二人就是怀抱容器，等待装满葡萄汁，抱去酿制葡萄酒。考古证据表明，葡萄的栽培开始于公元前 5000 年左右，在埃及、南高加索、中亚细亚、叙利亚等地，先后开始栽培葡萄。埃及古代壁画中，绘有采摘葡萄及酿造葡萄酒过程的图案（图五七），踩榨葡萄场面与虞弘石堂的相似，证明在 5500 年前，已开始成规模种植葡萄和酿造葡萄酒。此后，葡萄随着人类迁徙和文化交流，广泛分布于全世界。

牛津大学冒顿学院院长罗森教授、法国高等实验学院葛乐耐教授参观虞弘墓石堂时，曾告诉笔者，在现存的一个古罗马教堂中，至今还保存着一幅与此相似的图像。葡萄牙也以种植葡萄、善酿葡萄酒闻名于世，在葡萄收获季节，踩榨葡萄汁时，就是在一个巨大的容器中，众人一边踩榨葡萄汁，一边跳着欢庆的舞蹈。在澳门葡萄酒博物馆，

图五七 古埃及采摘葡萄酿制葡萄酒图

还专门展览过这样一张图片，在一个硕大的容器上，许多男女踩着葡萄跳舞。接待参观的澳门葡萄酒博物馆馆长解释，之所以边踩葡萄边跳舞，一是为了庆祝丰收，二是把艰苦的劳动与娱乐结合起来。

大图案下还有个横长方形小图案，雕绘着一幅雄狮与神马搏斗图，左面一头凶恶的狮子，右面一匹双翼神马，神马后半部也是鱼尾，毫不畏惧，冲向张牙舞爪的恶狮。

在祆教教义故事中，马与狗是人类忠实的助手与朋友，代表着善；狮是人类的天敌，代表着恶。善与恶的搏斗，是常见的祆教艺术主题。

● **骑驼杀狮浮雕（图五八）**

图案是一粟特男子射杀狮子的场面。该男子头上有一圈光环，身穿紧身衣裤，跪骑于骆驼背上，左手握一张大弓，右臂向后，扣紧弓弦，浑身之力聚于两臂，注视左侧（文中左右位置是以图像中人物本身的左右而言，并非读者眼中的左右，全书均如此，不再一一注释，特此说明）扑来的一头雄狮，引弦待射。

仔细观看，骑手尽管满弓引射，但是弓上无箭。通观这批图像，均有此艺术特色，也许是画家故意留给人们一些遐想或遗憾。

猎者坐骑为一健壮的单峰骆驼，占据中心画面。骆驼配合主人，与另一头狮子搏斗，驼尾上卷，头部向左下方探出，咬住一头狮子的腰脊。狮子被咬住腰脊，表情痛苦而惊骇。该狮右侧有一犬，四腿腾空，扑向狮子。整个画面表现出猎人、猎狗和骆驼齐心合力抵抗群狮的机智勇敢。

大图案下小图案内，一个有头光、深目高鼻的人侧身坐在一个又大又厚、镶有花边的圆垫上，手握一个角形器物，应是粟特名为来通（又名里顿）的饮酒器，身姿摇晃，已带醉意。由于远离当时当地的文化环境，颇难理解艺术家创造的上下图案内容有何关系。

图五八　石堂东部北侧图案

● 骑驼猎狮浮雕（图五九）

画面中，一头高大精健的单峰骆驼在疾奔，骆驼前方，一头凶恶的雄狮正拦扑骆驼，前爪牢牢抓紧骆驼，张口咬住骆驼脖颈。驼身腹部下方有一犬，四腿跃起，扑向雄狮，欲解骆驼之危。

骑者是个突厥男性青年，又光又硬的黑色长发上好像还有发套。他穿一件半臂长袍，气态沉稳，手撑一张大弓，圆睁双目，拉满弓，指向另一头从后方偷袭的狮子。

在下方的小图案中，雕一只奔跑的羚羊。羚羊两角略弯，长达尾部，正扬开四蹄奔跑。

虽然这是一幅生死搏斗图，但画家依然没有忘记小花、小叶、小鸟和小羊，从而表现出大自然的美丽。既有凶险搏杀，又有平静祥和，也许画家更深刻地体味到了大自然的规律和真谛。类似大小画面相悖的表现形式，是这批画像中显著的艺术特点。

人与狮子搏斗的情景，是波斯萨珊王朝银盘图案中常见的题材。

图五九 石堂后部东侧图案

● 宴饮乐舞浮雕（图六〇）

本幅画面对着石堂门，是所有图案中面积最大、人物最多的一幅图案，也是占据中心地位的一幅图案，中心人物是墓主夫妇，也是唯一一幅墓主夫妇画像，重要性不言而喻。

这块浮雕分为两部分，从上部图案的构图来看，为在狭小的庐帐空间表现较大的场面。艺术家把画面分成三个层次，上疏下紧，中心人物突出，紧凑而不杂乱。

第一层次，主要是庐帐的外部景色，雕绘着葡萄叶蔓和成串的葡萄。在葡萄叶蔓之间，有三只鸟。

第二层次，是庐帐内人物的活动，画面相对疏朗。在帐内大厅靠后正中，是一形似亭台的床榻，檐前垂有很短的花边幔幛和长流苏之类的饰物。这些装饰说明，此庐帐绝非一般人的庐帐。

床榻上，坐着一男一女。男子体形魁梧，梳着整齐的波浪形长发，头戴波斯式王冠，顶有日月形饰物，冠后有两条飘带，留着浓密、整齐的胡须，气质雍容高贵。他的颈部戴一个饰着连珠纹的项圈，身穿一件圆领窄袖长袍，袍外罩一件半臂衫，腰系一条饰着连珠纹的腰带，下身穿紧腿裤，足蹬软鞋。他向左侧身而坐，左腿弯曲，平放于台上，右手端着一只多曲酒碗[4]，举于胸前，目光温和地平视着对面的妇人。

妇人曲腿坐于床榻上，头戴花冠，头微低垂，衣饰华丽，耳下有串饰，项上有珠饰，身着半臂裙装，在胸前和腰前有短飘带，举一高

图六〇 石堂后部中间图案

脚酒杯[5]，陪男子饮酒。

两人之间摆放着一个大盘，盘内盛满食物。很显然，此二人是整个场面的中心，是这里的主人，也是最吸引观众视线的焦点。

男女主人两侧，各有两名有头光的男女侍者。

第三层次，在主人和侍者前面，有一块较大的场地，六名男乐者分左右跪坐于两侧，每侧跪坐三人，手中均持乐器。右边乐者三人，一个手持一对直径仅数寸的小铜钹[6]；一个胸前挂一中间细两头宽的腰鼓[7]，两手左右张开，以掌击鼓；另一个怀中抱一竖箜篌[8]，正在弹奏。

左边乐者，一人双手执一横笛正在吹奏[9]；一人两手握一竖管形乐器在吹奏，该乐器前稍粗后略细，似为筚篥[10]；另一人怀中平抱一曲颈琵琶[11]。乐者后侧，矗立着一个硕大的酒壶。

在乐者中间，一个魁梧男子在跳舞。舞蹈者深目高鼻，上着半袖衫，肩披一条极长的帔帛[12]，下穿紧身裤，赤脚，腰间系一长软带，脚下铺小圆毡，左脚着地，右脚后翘，肩上帔带和腰间软带在空中飘舞着，表现出舞蹈者舞步的急速。他的两臂一上一下，是一种明显的来回翻动的舞姿，身首扭转，急速地跳着胡腾舞[13]。

画面展现的是一幅祥和快乐的宴乐场景。令人难解的是，画面中诸人，有的有头光，有的无头光。

下面小图案内容则完全不同，为二人二狮搏斗图。图案右侧，雄狮扑向武士，前爪抓向武士胸膛，张开大口咬住武士头颈。武士毫不畏惧，上身前倾，两腿呈前后弓步，右手握剑，将剑洞穿狮腹。雄狮后方，一条猎狗飞奔而来，扑向狮子后腿。图案左侧画面与右侧基本相似，整个画面题材奇特，甚为惨烈，给观者强烈的视觉震撼。

● **乘象杀狮浮雕**（图六一）

这是一个中年男子乘象杀狮的场面。三头凶猛的狮子从三个方向对大象和骑者发起围攻，显示了狮子的狡猾和志在必得。乘象者临危不惧，神色沉稳，挥舞利剑，扭身向一头扑来的狮子砍去。大象协助主人，甩起长鼻，拦截从前方扑来的狮子。侧面还有一狮，准备偷袭，后边一条猛犬不让该狮得逞，护主心切，箭一般冲向狮子。

乘象者的服装较为特殊，与波斯王的服装相近，尤其是下身穿的花边裤，仅见于萨珊王朝波斯诸王。这种宽花边裤，在波斯器皿上与波斯石刻上常可见到。如著名的摩崖石刻“沙普尔一世战胜图”“荷米斯德二世骑马战斗图”“库思老一世狩猎镀金银盘”及其他图像上，波斯国王也都穿着大同小异的花边裤。

下方附属的小图案中，雕绘着一只羽毛丰满的鸽子，衔着一朵祥云，脖上系一条丝带[14]，丝带后扬。

图六一　石堂后部西侧图案

● 行旅浮雕（图六二）

上部大图案雕刻一位骑马的中年男子，长相颇似第五幅浮雕中的主人公，集波斯王式的王冠、头光和飘带于一身。他深目高鼻，多须髯，眉须皆为黑色，修剪得极其讲究。黑色长发梳成波形状，拖在肩后。身穿红色圆领半臂长袍，腰束红色革带，下着白色长裤和软靴。他气宇轩昂，安然坐于马背上，右手端一碗举于面前，准备喝水。

马前站着一个粟特随从，双手捧着盛满果实的盘子，献给主人。马后还有一个随从，在他平伸在胸前的左手手心内，放着一个相同的果实。

下面小图案内，雕绘着两株小野花和一只白色带黑斑的山羊。山羊脖子系一带，嘴下有一簇山羊胡子，两蹄轻抬，看着前方的小花，缓步踱去。

● 行旅休憩浮雕（图六三）

画面是主仆三人休息场面。在一颗茂盛的树下，主人在右，二男仆在左。主人戴王冠，有头光，身形高大，神态安详，身穿窄袖长袍，上罩红色条纹半臂衫，下着白色紧身裤和长筒软靴，肩披一条红白相间、尖端似为葡萄叶形的长帔[15]。他面朝左方坐在一个红色束帛座上[16]，左腿平架在右腿之上，右手握一白色高脚大口杯。

在他腿前，一个黑色短发、深目高鼻的仆人，身穿白色长袍，腰系一带，正单腿跪地，双手捧一装满果实的果盘，献给主人。

图六二 石堂西部北侧图案

图六三　石堂西部南侧图案

在此仆人侧面，还站着一个怀抱琵琶的仆人，两手于胸前抱一琵琶，头下尾上，左手握着琵琶颈部，手指按弦，右手握一红色条形拨头在弦上拨弄[17]。

下部小图案内容简单，中部突出雕绘了一只奔跃的雄性大白鹿，角叉繁多美丽，跃姿优雅而潇洒，更增添了几分大自然的和谐与意趣。

● **出行浮雕（图六四）**

上部图案，表现一位身份高贵的主人带两个侍者在旅途中的情形。这位骑马的主人，有着与众不同的神情与穿着。他头上戴着满是饰物的王冠，王冠前顶上为一圆环形饰物，上有一个弯月形饰物，在弯月中，托着一轮太阳。这种象征着日月交相辉映的装饰物，应是此人权力和地位的象征[18]。两侍者一前一后，前者捧一果盘，后者举一盖伞。

下部横长方形内小图案，中部为牛狮搏斗图，一头红色的狮子，敏捷凶猛，前爪举起，扑咬着牛背，在狮子的身体下，牛眼滚圆，长着一对又长又尖的大牛角，低头弓背，忍着疼痛，撞向狮子。图案左右两边，雕绘着忍冬藤蔓。

图六四 石堂前部西侧图案

第二部分图像

第二部分图像均为墨线勾边，内填白黑二色。为描述方便，也将此七块画面从 1—7 进行编号，见表二，然后依顺序描述。

表二　**第二部分图像登记表**

序 号	图像在石堂中的位置	图像内容	高　度	宽　度	备　注
1	石堂左面，画面朝外。	跪侍男仆	96 厘米	71.5 厘米	墨　绘
2	石堂左面，画面朝外。	男立侍者	96 厘米	47.5 厘米	墨　绘
3	石堂背面，画面朝外。	女立侍者	96 厘米	78.5 厘米	墨　绘
4	石堂背面，画面朝外。	胡腾舞蹈	96 厘米	102 厘米	墨　绘
5	石堂背面，画面朝外。	男立侍者	96 厘米	61.5 厘米	墨　绘
6	石堂右面，画面朝外。	跪侍男仆	96 厘米	55 厘米	墨　绘
7	石堂右面，画面朝外。	女侍者	96 厘米	64 厘米	墨　绘

图像内容如下：

● **男跪侍者图（图六五）**

图中一粟特中年男子跪坐于小毡毯上，上身是白色圆领窄袖长袍，外罩白色半臂衫，腰系黑色革带，下身穿肥大的白色裤子，脚穿黑色短靴。从他的坐姿和手托之物来看，像是一个跟随主人多年的仆人，端盘举于胸前，向主人敬献食物。

图六五 男跪侍者图

● **男立侍者图**

图绘一粟特青年男子，侧身站立，黑色短发，身穿白色圆领窄袖长袍，腰系革带，带左侧悬挂一鞶囊，下身穿白色紧腿裤，脚穿黑色短靴。双手捧着一个大高足杯，好像去给主人送酒。

● **女立侍者图**

图中绘一粟特青年女子，侧身站立，婀娜纤细的身材，束腰曳地的长裙，女子微弯的上身，都表现出这位女侍者的恭谨。

● 胡腾舞图

图绘一个跳胡腾舞的男子，头部色彩轮廓剥落，只留有少半部分头光。此人赤裸着上身，袒胸露肚，佩戴着项圈，右腿单腿下蹲，左腿向右腿部弯曲平抬，高举双臂，正在跳胡腾舞。整个画面活泼而富有动感。

● 男立侍从图

图中部绘一身穿长袍、侧身站立的男仆，头部几乎不见，穿黑色圆领窄袖长袍，脚蹬黑色短靴。男仆身体健壮，双手原似在胸前捧着一物。

● 男跪侍者图

图中部绘一男仆，朝右跪坐于白色的方形小毡毯上。身穿白色圆领窄袖长袍，外罩白色半臂衫，双膝跪地，两手端盘，举于胸前，盘内盛有食物。

● 女立侍者图

侍女侧身站立，头部色彩和轮廓不太清晰。身穿一件曳地多竖褶长喇叭裙，左手执一物，右手似在怀中抱一物。

第三部分图像

第三部分反映了粟特民族的多种生活情景，共29幅图像（图六六），见表三，再依顺序描述。需要说明，第三部分图注，多采用唐诗和其他人的诗句，或有偏题，请读者体谅。

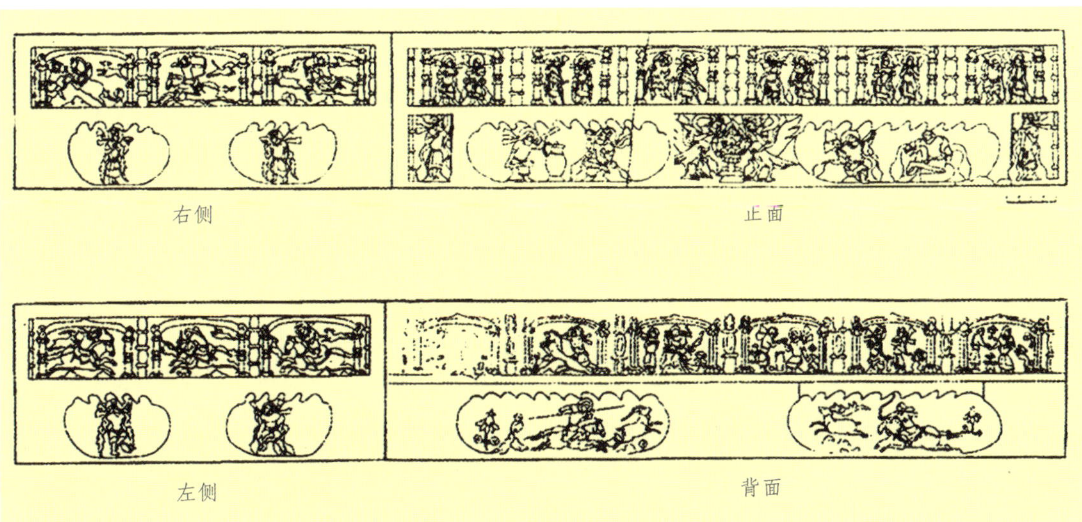

图六六　第三部分展开图

表三 第三部分图像登记表

序号	图像在石堂中的位置	图像内容	高度	宽度	备注
1	底座前壁上排右数第1个壁龛	宴饮	20.3 厘米	39.5 厘米	浮雕加彩绘
2	底座前壁上排右数第2个壁龛	奏乐	20.3 厘米	39.4 厘米	浮雕加彩绘
3	底座前壁上排右数第3个壁龛	乐舞	20.4 厘米	39.4 厘米	浮雕加彩绘
4	底座前壁上排右数第4个壁龛	奏乐	20 厘米	39.5 厘米	浮雕加彩绘
5	底座前壁上排右数第5个壁龛	奏乐	20 厘米	39 厘米	浮雕加彩绘
6	底座前壁上排右数第6个壁龛	乐舞	20.5 厘米	39 厘米	浮雕加彩绘
7	底座前壁下排右数第1个长方形龛内	侍卫	23.2 厘米	16.7 厘米	浮雕加彩绘
8	底座前壁下排右数第1个壶门	对饮	21 厘米	74 厘米	浮雕加彩绘
9	底座前壁下排正中	火坛祭司	23.3 厘米	49.5 厘米	浮雕加彩绘

（续表）

序　号	图像在石堂中的位置	图像内容	高　度	宽　度	备　注
10	底座前壁下排右数第 2 个壶门	对　饮	21 厘米	75 厘米	浮雕加彩绘
11	底座前壁下排右数第 2 个长方形龛	侍　卫	23.5 厘米	15.5 厘米	浮雕加彩绘
12	底座左壁上排右数第 1 个壁龛	骑马狩猎	20.7 厘米	41.5 厘米	浮雕加彩绘
13	底座左壁上排右数第 2 个壁龛	骑马狩猎	20.5 厘米	41.5 厘米	浮雕加彩绘
14	底座左壁上排右数第 3 个壁龛	骑马狩猎	20．5 厘米	41.5 厘米	浮雕加彩绘
15	底座左壁下排右数第 1 个壶门	吹　奏	21.5 厘米	37.5 厘米	浮雕加彩绘
16	底座左壁下排右数第 2 个壶门	吹　奏	21.5 厘米	37.5 厘米	浮雕加彩绘
17	底座右壁上排右数第 1 个壁龛	驯　马	20 厘米	41.5 厘米	浮雕加彩绘
18	底座右壁上排右数第 2 个壁龛	骑马狩猎	20 厘米	39.5 厘米	浮雕加彩绘
19	底座右壁上排右数第 3 个壁龛	骑马狩猎	20 厘米	39.5 厘米	浮雕加彩绘

（续表）

序 号	图像在石堂中的位置	图像内容	高 度	宽 度	备 注
20	底座右壁下排右数第 1 个壶门	饮 酒	21．5 厘米	37.5 厘米	浮雕加彩绘
21	底座右壁下排右数第 2 个壶门	饮 酒	21 厘米	37.5 厘米	浮雕加彩绘
22	底座后壁上排右数第 1 个壁龛	不 详	20 厘米	39.5 厘米	浮雕加彩绘
23	底座后壁上排右数第 2 个壁龛	人狮搏斗	20 厘米	39.5 厘米	浮雕加彩绘
24	底座后壁上排右数第 3 个壁龛	胡腾舞	20 厘米	39.5 厘米	浮雕加彩绘
25	底座后壁上排右数第 4 个壁龛	饮 酒	20 厘米	39.5 厘米	浮雕加彩绘
26	底座后壁上排右数第 5 个壁龛	饮 酒	20 厘米	39.5 厘米	浮雕加彩绘
27	底座后壁上排右数第 6 个壁龛	饮 酒	20 厘米	39.5 厘米	浮雕加彩绘
28	底座后壁下排右数第 1 个壶门	骑马狩猎	21 厘米	78 厘米	浮雕加彩绘
29	底座后壁下排右数第 2 个壶门	骑马狩猎	21 厘米	78 厘米	浮雕加彩绘

图像内容如下：

● **宴饮图**（图六七）

图六七
竹叶连糟翠，
蒲萄带曲红。
相逢不令尽，
别后为谁空。

龛内雕绘二位粟特男子，一人抱酒坛，一人捧食盒，准备痛饮。

● **奏乐图**（图六八）

图六八
琵琶长笛曲相和，
羌儿胡雏齐唱歌。
浑炙犁牛烹骆驼，
交河美酒一笸箩。

画面是两个粟特男子，一个弹奏曲颈四弦琵琶，一个吹奏横笛，正在合奏，似乎已经到达如醉如痴的程度。

● **乐舞图（图六九）**

图六九
五条弦出万端情，
撚拨间关漫态生。
唯羡风流田太守，
小金铃子耳边鸣。

画面是两位粟特男子，无论从造型还是从表情来看，都非常生动。右为舞蹈者，正弯腰顿足，甩着长袖，表演舞蹈。舞蹈姿势灵动有力，逼真优美。他的衣服也很靓丽，肩披一红白二色的尖头长帔，色彩鲜艳，右侧的长帔在中部卷了一圈，左侧的自然飘垂。身上的飘带与身体的舞姿形成一幅具有强烈动感的图画。

左侧奏乐人侧身而立，胸前抱一个颈部为金色的直颈尖头五弦，为舞蹈者伴奏。相传“四弦源于波斯，五弦源于印度”，由印度先传至龟兹，后在北魏宣武帝时，又由龟兹传入中原[19]。

● 奏乐图（图七〇）

图七〇
胡人绿眼吹玉笛，
吴歌白纻飞梁尘。
丈夫相见且为乐，
槌牛挝鼓会众宾。

画面雕绘两个粟特乐师，右边乐师双手握一横笛，眼睛看着远方，仿佛跟着袅袅笛音进入忘情境界。

左边演奏者侧身而立，胸前斜挂腰鼓，两手一上一下，配合着笛曲敲击着鼓面。两人一个吹笛，一个击鼓，陶醉于演奏之中。

● 奏乐图（图七一）

图七一
宛转箜篌引，
铿锵铜钹音。
男儿见面喜，
古调奏新声。

画面雕绘二人，又是一组粟特男乐师。他们相向而视，右边男子怀抱箜篌，左手高举，右手揌于弦上，让人们仿佛感到高山流水的声音。

左边乐师侧右站着，两手在胸前各执一铜钹，正在对击。从他的动作和眼光以及身体姿势来看，明显是在配合他的伙伴。

● **乐舞图（图七二）**

图七二
胡人吹玉笛，闻者动离情。起舞踏歌乐，故乡万里程。

画面上二人均为粟特男子。这是一组动感很强的雕绘，右边一人边吹奏，一边舞蹈，表现出一副愉悦的“手舞足蹈”状。

左边一人屈膝前倾，一边吹横笛，一边看着手舞足蹈者，两人的密切配合，通过这眼神和姿势表现出来。

● 侍卫图（图七三）

图七三

独立握长戈，舍吾谁为雄。
豪气由心起，傲然笑长风。

画面雕着一个侧身向左而立的武士，头戴一武士冠，黑色长须较为浓密，身穿白色圆领窄袖长袍。他右手握拳，于胸前曲臂，左手执一长矛，长矛直立于身体左侧。整幅画面表现出武士忠于职守且威风凛凛的气概。

● 对饮图（图七四）

图七四

花门楼前见秋草，岂能贫贱相看老。
一生大笑能几回，斗酒相逢须醉倒。

这是一幅令观者心情愉悦的饮酒图。画面中两人均有头光，右边之人身着红色圆领窄袖长袍，左腿架在右腿之上。令人感到奇妙的是，他左手握着一个罕见的长来通放在唇边。从前有酒壶、身有醉态看，许是他酒至半酣，热情地举杯相邀，以助气氛。

左边的饮酒者相对而坐，右手高举一个酒碗，右腿架在左腿之上，笑视着右面之人。从两人神态和放置于两人中间的一个大酒坛看，这是一对酒友。画面表现了一种饮酒者酣对尽欢，敞开心扉、海阔天空、无所不谈的惬意情景。

● 圣火坛与祭司

画面见于石堂座前壁下排正中（图七五）。

图七五 虞弘墓石堂火坛与祭司浮雕

这是一幅典型的祆教圣火坛和祭司的组合画面。中部是一个燃烧着熊熊火焰的大祭坛，祭坛的造型简洁而华丽，束腰，中心柱较细，底座和火盆较粗，祭坛上部呈三层仰莲形。

祭坛两侧，各有一个人首鹰身的人相对而立。这是两个祆教祭司，上半身为人身，黑色长发呈波形披在头后，深目高鼻，身着红色圆领半臂衫；下半身为鹰身，有鹰翅、鹰尾，还有鹰腿和鹰爪。两人上身倾向火坛，双手戴手套，一手捂嘴，一手伸出，扶着火坛一侧。崇拜圣火和默祷的样子，给观者留下深刻印象。

类似的火坛形式在世界各地拜火教图像和波斯银币图案中常见。从目前的考古新发现看，火坛并无固定形式，而是多种多样，虞弘墓、安伽墓、史君墓、康业墓以及纽约大都会博物馆所展石棺床座上雕绘的火坛，外形无一雷同。

祆教圣火坛和祭司的组合形式有两种：一种是圣火坛和人首人身祭司形象的组合，莫拉一库尔干盛骨瓮、安阳出土的石棺床石阙上，都是这种形式；另一种为圣火坛和人首鹰身祭司形象的组合，除虞弘墓石堂外，安伽墓墓门门额画像上（图七六）、史君墓石椁上、美国纽约大都会博物馆所展石棺床座上，都有这种组合。祆教崇拜火，提倡供奉火，到处有火庙或火祠，公共祭祀场所和家里都供奉着火坛，以表达教徒虔诚的崇仰。形式可以千变万化，圣火则不能熄灭，圣火永远是祆教崇拜的象征。

图七六
安伽墓门楣上的火坛浮雕

对饮图（图七七）

图七七
天地迢遥自长久，
白兔赤乌相趁走。
身后堆金拄北斗，
不如生前一尊酒。

画面是一对壮汉，右边之人侧身而坐，左腿架在右腿之上，裸露着小腿，打着赤足，神态悠闲，左手握一略有弯度的角形器，似为另一种形式的来通。粗观此人，手持来通，仰面豪饮，已让观者感到他酒意朦胧。

左边的饮酒者与他相对而坐，坐姿随便，可称之为“席地而坐”。右手端一酒碗，是一副醉态十足、话语不清、欲罢不舍的形态。

● 侍卫图

画面是一个侧身向右而立的武士，有头光，头戴一武士冠，身着白色圆领窄袖长袍，右手执一长矛。该武士与石堂底座前壁下排右数第 1 个长方形壁龛内的武士相对而立，分左右两头守卫着石堂，应该是守护武士。

● 狩猎图（图七八）

图七八
紫塞风高弓力强，
王孙走马猎沙场。
呼鹰腰箭归来晚，
马上倒悬双白狼。

画面是一个粟特猎者骑一红色骏马奔驰，头后有白色黄边的头光，留黑色齐耳短发，双手握弓，弓如满月。从他拉弓的姿势、眼神和力度来看，明显感到猎物就在眼前。

马侧后有一只山羊，羊角很长，在内侧惊恐地狂奔，说明猎者追射的猎物，要比山羊重要。

● **狩猎图（图七九）**

图七九
快马如风驰，
手中弓箭持。
突厥重骑射，
引弦向雄狮。

画面是一个突厥猎者骑马奔驰，左手持弓，右手扯弦，正弯弓欲射。

马前方有一红色猎狗，马后侧有一只小兔，小兔边跑边回头张望，惊恐不安。

● 狩猎图（图八〇）

图八〇
已落双雕血尚新，
鸣鞭走马又翻身。
凭君莫射南来雁，
恐有家书寄远人。

图中，一粟特猎者骑马奔驰。猎者骑在马上，上身微倾，双腿弯曲，夹紧马腹，左手扯缰，策马急跑。

马前侧有一白色小鹿，被追得走投无路，急得企图越壁而遁。马后侧有一长嘴尖耳的猎狗，扬开四腿从侧后包抄小鹿。

● 饮酒图（图八一）

图八一
角声渐去人惆怅，
一曲长歌思故乡。
明月当头夜朦胧，
酒酣起舞眺远方。

画面雕绘一人，赤裸上身，颈戴项圈，下着肥松红色短裤，赤着小腿，右手上举，握一个来通。来通是古代西亚、中亚等地流行的一种饮酒器，五世纪传入中国。

● **饮酒图**（图八二）

图八二
酒阑气壮角声雄，
丝路飞沙万里风。
戈壁茫茫人奈何，
思归心切举来通。

画面雕绘一人，赤裸着上身，侧身向左站立，身体向前微倾，左手握一金色角形来通。

● **驯马图**（图八三）

图八三
胡马大宛名，锋棱瘦骨成。
竹批双耳峻，风入四蹄轻。
所向无空阔，真堪托死生。
骁腾有如此，万里可横行。

画面雕绘一人一马一狗，三者都处于动态之中。粟特人善于驯马，画中人高举双手，上身前倾，似在驯服桀骜的骏马。

飞奔而来的马非常健美，背生双翼，前蹄奋起。其后侧还有一条狗，四腿伸展，从后方跑来。

● **猎狮图**（图八四）

图八四
刀州城北剑山东，甲士屯云骑散风。
旌旆遍张林岭动，豺狼驱尽塞垣空。

画面内一粟特猎者骑一马，上身向后扭转，左手持一张黄色大弓，右手拉弦，准备朝马后一头狂奔而去的狮子发射。

猎者的坐骑为红色骏马，低头飞奔，将主人善骑射的特点充分表现出来。

● **猎鹿图**（图八五）

图八五
林暗草惊风，将军夜引弓。平明寻白羽，没在石棱中。

这幅猎鹿图色彩搭配协调，色泽美丽。一匹奔驰的黄色骏马上，一个粟特猎者双腿弯曲，右手持一张黄色大弓，左手拉弦，朝一头奔鹿射去。

鹿角又弯又长，形如珊瑚，侧头看着追近的猎人，惊恐万分，扬首狂奔。马侧后还有条红白色的猎狗，疾追不舍。

● 饮酒图（图八六）

图八六

五花马、千金裘，
呼儿将出换美酒，
与尔同销万古愁。

画面内一人侧身左立，左手端一大碗，右手握一单耳瓶，好像是一个寻人斗酒的酒徒。

● 饮酒图（图八七）

图八七

得即高歌失即休，
多愁多恨亦悠悠。
今朝有酒今朝醉，
明日愁来明日愁。

图内一人侧身右立，左手卡在胯上，右手端一酒碗，高举过肩，肚子微挺，腿一前一后，身体微晃，好像邀人拼酒。

● 人物图

画面彩绘，壁龛清楚，里面漫漶不清，隐见一人物，无法描述。

● 杀狮图（图八八）

图八八
胡人多勇士，力大敢搏狮。岂容尔逃窜，举刀见雄雌。

画中正面为一头绿色雄狮，几乎占据了整个画面，后腿撑地，前腿举起。雄狮身后，一个有绿色头光的粟特猎者，左手紧紧抓住雄狮头后的鬃毛，右臂高扬，手中握一长剑，剑尖朝下，斜着向狮颈全力刺去。雄狮腹下还有条红色猎犬，趁狮子跃起，腹部露出，从下方窜起，扑向狮腹。

值得注意的是，在所有壁龛狩猎图中，仅有狩猎者一人，而在壁龛饮酒图或乐舞图中，均为两人。之所以这样安排，可能是狩猎往往是个人行为，表现的是个人的勇敢和魄力，而饮酒或乐舞，往往是群体行为，以两个人来代表群体，表现的是群体的和睦与欢乐。

● **观舞图**（图八九）

图八九
醉却东倾又西倒，
双靴柔弱满灯前。

右绘一人面左而立，双手端一盛满红绿果实的圆盘，观赏着左面的舞蹈者。

左面舞蹈者为一中年男性，身材魁梧健壮，头后有绿色光轮，黑色短发，胡须浓密散乱。头后侧有一红一白两条飘带。颈戴黄色项圈，赤着上身，肩披红绿二色的曳地长帔，腰系一条褐、黄、红、绿四色长圆头软带，下身着肥松的红色短裤，赤着小腿，右足踏地，左足抬起，两手右上左下，在一块黄色圆毯上忘情地跳舞。

由图像中频繁出现胡腾舞的画面推析，该民族特别垂青胡腾舞，而且胡腾舞表演者都是身魁体壮的男子，大概与游牧民族崇拜勇士和剽悍有关。

● **饮酒图（图九〇）**

图九〇

把酒冰壶接胜游，今年喜不负中秋。故人心是中秋月，肯为狂夫照白头。

饮酒是粟特艺术中常见题材。龛内彩绘两个粟特人，一左一右，均为男子。右边之人弯腰躬身，双手将一高脚杯送给左方之人。

左方之人坐于黄色束帛座上，右手接过递来的高脚杯。在两人中间，摆着一个很大的黄色单耳粗颈圈足酒壶。尽管粟特人喜饮葡萄酒，但用偌大酒壶独饮，此君堪称海量。

● 宴乐图（图九一）

图九一
蒲萄四时芳醇，琉璃千钟旧宾。夜饮舞迟销烛，朝醒弦促催人。

画面彩绘二人，均为男子。右边之人坐在束帛座上，一腿曲起，架在另一条腿上，神情安详，右手端着一碗，左手执一单耳酒瓶，似在音乐的伴奏下自斟自饮。在他对面站着一个粟特人，怀抱曲颈琵琶，头下尾上，四根弦和轴均清晰可见，左手握颈，手指压弦，右手执一长条形拨头，正在拨奏。

● 饮酒图（图九二）

图九二
兰陵美酒郁金香，
玉碗盛来琥珀光。
但使主人能醉客，
不知何处是他乡。

这幅图是石堂中唯一一幅表现突厥人饮酒的画面。从画面人物的位置、大小、神态等就可看出，应是一主一仆。右边之人是仆人，侧身向左，留突厥式黑色长发，上衣为红色圆领窄袖衫，双手端着一个酒碗，恭恭敬敬地递与左边的主人。

主人也是突厥人，留着黑色长发，深目高鼻，鼻下有两撇两端上翘的胡子，模样比较威严。上身穿一件红地白花圆领半臂衫，右手伸出，接过酒碗，同时扭头看着一犬。

猎羊图（图九三）

图九三
风劲角弓鸣，将军猎渭城。草枯鹰眼疾，雪尽马蹄轻。

画面是一个粟特猎人骑着一匹马正追逐一头羚羊。猎者骑在马背上，双手在身右平端一支长矛，直向前方的羚羊放马追去。马前是一绿色大角的羚羊，正惊慌地向前逃窜。

● **猎鹿图（图九四）**

画面中，一个猎人骑着一匹骏马，追赶一只奔鹿。骑者是突厥人，上身穿件短小的红色上衣，右手握一大弓，左手拉满弓弦，凝神静气，瞄准前方之鹿。马前是一头红色大角鹿，四蹄飞腾，惊恐万分地向前逃窜。

图九四

居延城外猎天骄，白草连天野火烧，暮云空碧时驱马，秋日平原好射雕。

图像的内涵

该石堂图像内容分三个部分，最重要也最受人重视和关心的仍是第一部分，因为它是解读石堂图像的关键。按中国传统葬俗，这部分图像和墓主人关系最密切。反复观察这部分图像，内容比较复杂，耐人寻味。反复琢磨，九块图像的顺序应该是依逆时针方向逐步展开的。

该石堂图像中，人物成分和文化内涵也较复杂。

第一，就所属民族看，9 幅图像中，第 1、2、4 幅是粟特人形象，第 3 幅是突厥人形象，第 5—9 幅表现的是波斯人形象。在这三种人中，墓主人虞弘只能是其中的一种，另外两种人显然和他也有关系，否则不会出现在他的生活圈中。

第二，9 幅图像中，每幅的主题都不相同。其中 8 幅有中心人物，仅第二幅难以分辨中心人物，表现的是一幅粟特人独特的集体酿酒、踩榨葡萄汁、且歌且舞的生产场面。

第三，依我们对这部分图像的排列顺序反复推敲，9 幅图像又可细分为两组，前四幅（1—4）为一组，后五幅（5—9）为一组。根据如下：

1. 区别在于前一组画面的中心人物为粟特人和突厥人形象，他们都穿着华丽的服装，似乎都是有身份、有地位的人物。后一组画面的中心人物为仿波斯人形象，不仅穿戴华丽，而且尊贵，皆戴王冠，穿王服，留着浓密整齐的胡须，气质更显雍容高贵。这些王冠和王服，与波斯萨珊朝国王的冠服基本一致。如果说前者是有身份、有地位的人，那么后者应当是图像中所见身份、地位更高贵的人。

2. 在这一组图像中，第 5 幅图像中心人物的认定是解读图像的关键。可以肯定的是，尽管存在几个民族的差别，但第 5 幅图像的中心人物应是墓主人夫妇，正中右侧男性应是虞弘，左侧女性应是虞弘夫人，整幅画面的主题是墓主人夫妇宴乐图。

3. 第 5 幅图是区分两组图像的界限。以第 5 幅为界，前后两组表现了两个阶段、两种生活、两个境界。前一组的 4 幅图画，表现了墓主人虞弘生前作为凡人的经历和本民族的生活情景。如第 1 幅表现的大概是虞弘出使各国在旅途中的情形，第 2 幅表现的是粟特各国常见的酿造葡萄酒的场面，第 3 幅表现了粟特人骑驼狩猎的生活，第 4 幅表现了突厥人骑驼狩猎的生活。第 5 幅到第 9 幅图像，从图像表面意思看，是墓主人死后希望进入的生活境界。

根据石堂火坛图案和墓志，虞弘无疑是一个祆教徒，而祆教信奉“灵魂不灭说”，有凡界与神界之说，也有死后升天堂之信仰。按照“灵魂不灭说”的观点，死亡是人生旅程的终结，却是死者灵魂奔向另一个世界的起点和开端，无论另一个世界是灿烂的天堂，或是阴冷的冥世，甚至是恐怖的地狱，都是存在的。但是人死后，尤其是达官贵人，最希望到的地方是神灵统治的天庭，因为那里有人类最美好的一切。这是任何民族在文明发展的进程中都存在的规律。

虞弘不是波斯人，为什么要安排这些图像呢？参考墓志所载虞弘履历看，虞弘不是波斯人，是鱼国人，他在十三岁时就出使波斯，在波斯住了数年，正是他迈向成年的一个重要时期。出使波斯的岁月，可能给他留下美好印象，故他对波斯情有独钟。这种仿波斯王形象画面的连续出现，恰恰表明虞弘有一种生前不是波斯人，死后愿为波斯王的意愿，也符合他“检校萨保府”的身份。

石堂第3幅图像是9幅图像中唯一一幅表现突厥人的猎狮图。突厥是一个很活跃的民族，在粟特尤其如此。不论是近年发现的虞弘墓石堂、西安安伽墓石榻和史君石堂图像上，还是以前发现而现在流落在国外博物馆的粟特人石棺床图像上，凡是有大量粟特人群的连续画面中，几乎都有突厥人，说明突厥人在粟特的数量之多及其重要性。因此，尽管这些粟特人死后葬在中国，在墓葬绘画中也要加上突厥人的形象[20]。粟特人和突厥人关系密切的图像，还可举西安安伽墓石榻上的两幅图为证。一幅图像位于石榻后屏之四，画面分上下两部分，上部是一队粟特人和一队突厥人途中相遇互相热情问候的场面，下图是两队人的首领在帐中对弈而随从观望、侍奉的场面（图九五）。此外，石榻右侧屏第一幅为狩猎图，共刻绘五位猎人，在一起驱马射猎，其中两位是突厥人，三位是粟特人，由此可见两族之友好关系[21]。

图九五 粟特人与突厥人

虞弘墓石堂图像中，虽然突厥人数量比例较小，只有五人，甚至在波斯人之下，但仍然反映出虞弘本民族与突厥的密切情谊，所以在前几幅图像中，才专门插入一幅突厥人猎狮形象。另在石堂底座图像中，还有三幅突厥人饮酒图和狩猎图。

粟特诸国与突厥关系密切，一是因为突厥以联盟形式逐步控制了粟特，迫于武力，不得不服；二是在强硬手段之外，突厥又与各国广泛联姻，使用这种古代常见的政治手段维持统治。据吴玉贵研究，这种情况在西域很普遍[22]，到隋唐时仍然如此，最典型的实例是，唐代安禄山自称父亲是胡人、母亲是突厥人[23]。因此，在入华粟特人墓葬中出现突厥人形象，应主要是第二种原因。虞弘墓石堂图像内有不少突厥人形象，也许暗示了他或他的家族与突厥的姻亲关系。虽然目前还没有充分的证据来证明这种关系，但也没有什么证据排除这种可能性。

图像与鱼国的关系

图像内容对考证鱼国地望极有帮助，就图像考察，鱼国的位置当在粟特，理由如下：

1. 虞弘墓石堂上所有的图像展示的都是粟特或西亚的生活风情，波斯文化因素相当浓厚，然而从有许多突厥人来看，参照国内已发现的其他粟特人墓葬图像，粟特生活风情的因素更为浓厚。

2. 在石堂所有图像中，粟特人的数量最多，即使是在后五幅以虞弘为中心人物的图像中，也是粟特人居多，那些乐舞者和侍者、随从几乎都是粟特人。

3. 在该石堂图像中，有三幅“胡腾舞”图，一幅见于墓主人宴饮图中，一幅见于石堂墙壁外的墨绘图像中，一幅见于底座图像中。众所周知，胡腾舞是盛行于粟特的一种健舞，唐代诗人刘言史《王中丞宅夜观舞胡腾》诗中的首句就是“石国胡儿人见少，蹲舞尊前急如鸟”[24]，李端的《胡腾儿》首句是“胡腾身是凉州儿，肌肤如玉鼻如锥”[25]，分别从国别和体貌两方面描述了胡腾舞者的特征。

就目前所见有关胡腾舞的北朝图像中，舞蹈者和乐者都是粟特人。在西安发现的北周安伽墓石榻、北周史君墓石椁图像以及日本 Miho 博物馆所藏石棺床上，都有胡腾舞形象。这些墓的主人都毫无疑问是粟特人，墓志记载得很清楚，一个是安国人，一个是史国人[26]。图文互相参证，不仅国籍和人物形象毫无疑问，而且证明了胡腾舞在粟特流行的广泛程度。照此推析，虞弘墓石堂图像中的胡腾舞图，反过来说明墓主人当是喜爱胡腾舞的粟特人，从而又能推测，鱼国当位于粟特地区。

艺术特点和源流

虞弘墓石堂的艺术特色和表现形式

虞弘墓图像题材丰富，表现了墓主人生活的各个侧面，有通过狩猎、搏杀群狮等情景描绘粟特、波斯、突厥民族勇敢精神的，有通过乐舞、宴饮等情景表现这些民族美好生活的，有通过祭坛、神灵等细节显示这些民族的信仰和神话的。由于每幅图像都有表面的意思和在特定历史文化背景下具有的深层意思，加上我们对其文化背景尤其是葬俗和有关信仰所知有限，因此每幅图像之间的关系是需要长期探讨的问题，难以在短期内彻底解决。

就这些图像的表层意思来看，以第一部分为例，9 个大画面的独立性很强，也很鲜明，每幅画面都有单独的主题。但细细观摩、品味，在相同的大历史背景下，各幅图像间也有着隐隐约约的联系。至于第二、三部分图像，各画面之间的连续性似乎不明显，给人的感觉是，第二、三部分各画面是以其本身的独立性和拼凑的整体性来表现生活的。

石堂图像的表现方式主要是浮雕，其次是绘画，绘画又分为彩绘与墨线勾勒两种。几种图像所处部位不同，艺术家加工的程度也不相同。无论浮雕还是绘画，都经过用墨线在修整平光的汉白玉石板上打框布局、勾勒大样的程序，说明艺术家在雕绘之前，对图像的内容、内容分几部分、几部分如何布局与分配、用什么艺术形式表现、表现到什么程度等一系列问题，都经过认真考虑和精心安排。

虞弘墓石堂图像中的精华是浮雕加彩绘的那些图像。对这些图像，首先用平面减地法凿挖出整体图案，凹入深度最深处约达 0.8 厘米，最浅处约为 0.2 厘米。其次是将图案细部用浮雕、线刻等手法刻出，正面底座中的火坛和两侧人首鹰身部分，就使用了一些线刻的技法；在大多数地方，都采用了浅浮雕技法；有的部位还采用了表现更细致的技法，如人的眼睛部分，尤其是眼皮部分，使薄薄的眼皮有起有伏，真实细腻。这些浮雕的最后一道工艺，是使用矿物质颜料对浮雕进行填彩，以弥补浮雕表现手段的不足。这道工艺很重要，经过彩绘的人物服饰，不仅使得图像人物鲜活美丽，而且更为重要的是，彩绘出的人物服饰的细部，使我们对该民族的服饰色彩、喜爱的图案、审美的倾向和观念等，皆有了比较清晰的了解。比如人物服饰颜色以红白为主，就反映了该民族对颜色的喜好和习俗。

仔细观察，这些浮雕图像不是出自一人之手，至少是出于两个工匠之手。一个所刻浮雕图像边沿直起直下，棱角分明，显示出刀法较硬；另一个所刻浮雕图像边沿比较圆润，由底到面过渡光滑，显示出刀法较柔。两者比较，后者的表现力似乎更为细致生动，人物的肌肉、皮肤的纹理，都表现得更为出色。这样的例子可以正面底座下的两个壸门图案为例，右侧的图案属于前者，左侧的图案属于后者。此外，多处采用了分层减地的技法，使得所表现的物体更有立体感，更加生动。如果对照堂壁第一块图像仔细比较，就可以看到以该种技术加工处理出来的作品，比只简单用一次性减地和线刻技术处理出来的作品，更真实，也更饱满。

该石堂图像中，所有人物、动物、飞禽表现的都是侧面和半侧面，不见正面形象，即使位于堂壁正中的虞弘夫妇，也是侧面形象。在北朝墓葬壁画中，墓主人多是正面形象，如太原北齐徐显秀墓壁画、太原电厂北齐墓壁画，墓主人夫妇都是正面形象。安伽墓石榻正壁中心人物有正面图像，也有半侧面形象。虞弘墓石堂图像完全采用侧面形象表现人物，不仅使人物深目高鼻的人种特征得以充分显示，而且使观者感到十分自然。这和波斯的艺术源流有一定的相承关系。在古波斯遗留的摩崖浮雕人物图像和银盘人物、动物图像中，多是以侧面和半侧面来显示其特征。著名的"阿尔达希尔一世骑马接任图"（图九六）、"沙普尔二世狩猎图银盘"、"库思老一世狩猎镀金银盘"等，都是展现人物的侧面。

图九六　阿尔达希尔一世骑马接任图

虞弘墓石堂的艺术题材及源流

骑马狩猎是游牧民族图像艺术中恒久的主题，表现的不单纯是一个生活侧面，在特定图像中，还寓含了中心人物的社会地位和权力。现存的古代波斯狩猎图像，都不是单纯表现狩猎生活，而是借用狩猎题材，以纪念和颂扬波斯国王的权威和勇猛。虞弘墓图像中有不少骑马狩猎的内容，还有一幅骑象狩猎图和两幅骑骆驼狩猎图，极为罕见。这些新颖的题材，都是继承于波斯而又有所创新，增添了图像整体的艺术魅力。

虞弘墓石堂图像中共有 12 幅狩猎图，其中 7 幅是弯弓射猎者。其表现方式，或是浮雕加彩绘，或只有彩绘；有的骑马欲射，有的则乘骆驼张弓。无论哪种方式，具体表现到弓箭部分，都是只表现弓，不雕绘箭，即使弓弦已被拉紧，弦如满月，使人感到箭在弦上，实际上，都是有弓无箭。这种表现形式在前述波斯狩猎银盘中基本上不存在，但不是绝对的，也存在偶然和例外。在日本 Miho 博物馆所藏北齐石棺床图像以及西安市北周安伽墓石榻图像上，都有类似表现形式。如 Miho 博物馆所藏北齐石棺床 12 幅图像中，只有一幅狩猎图，图上四位猎人并排骑着四匹马，追逐着一个兽群，每人左手平举一弓，都是有弓无箭（图九七）。安伽墓石榻图像中也有这样的内容，如简报图一六、图三〇中的射箭者，也都是有弓无箭。说明这可能是粟特特有的一种艺术表现形式，也有可能是箭杆太细，石质脆，不好雕刻。

虞弘墓石堂第 4 块堂壁图像中，一个猎人在驼背上持弓射狮，其

图九七 Miho博物馆藏北朝石床榻围猎图

抓弓之手的食指平伸出弓前。这样的图像也见于底座背面壶门图像中。两者的区别在于一个骑马，一个骑骆驼；一个是左手握弓，一个是右手握弓。这种特殊的举弓拉弦的姿势，在遗存的波斯银盘图像中也有，如“沙普尔二世狩猎银盘”中的沙普尔二世，他握弓的左手食指就平伸到弓前，而且令人惊讶的是，该图与大多数波斯银盘图像中的射猎图不同，居然也是有弓无箭，反映出在波斯这一时期内，也曾经有过这样的表现形式。

石堂图像由于内容全新而令人震惊，导致欣赏者的注意力长久地被内容吸引，使得它的艺术特色被内容的光辉遮掩。当冷静下来，专门观察它的艺术特色时，不难发现，该石堂艺术特色相当突出，从布局到每幅画的表现技法，都自有风格和渊源，与它的内容一样，均来自丝绸之路。

其中最鲜明的一点，即画面绝大多数为单幅图像，每幅图像或自然用堂壁区别，或人为使用壁龛、壸门等形式分开，与北齐墓葬壁画布局大不相同。每幅画面基本上只有一个中心人物，一眼看去，就知该幅画面表现的重点是什么，其余的人物、禽兽、花草等，无论多少，均是该中心内容的陪衬。

9幅堂壁图像中，仅有第2幅例外，中心不突出；也仅有第5幅“墓主人宴乐图”人数多，布局特殊，与安伽墓、史君墓所见图像布局相似。其他7幅画面，几乎都模仿了波斯遗存的摩崖石刻和波斯银盘表现英雄与重大事件的纪念性画面，人物不多，内涵深厚，中心人物突出，布局简洁、疏朗。出土时初次看到此图像，由它的相似性首先就联想到波斯银盘上的那些图像。如果抛开载体和环境来欣赏，就会发现这些画面的主题和布局安排，与波斯著名的摩崖石刻“沙普尔一世战胜图”（图九八）、“荷米斯德二世骑马战斗图”、“巴郎一世骑马叙任图”（图九九）、“阿尔达希尔一世骑马接任图”以及“巴郎五世狩猎图银盘”、“国王骑马猎狮银盘”（图一〇〇）、“库思老一世狩猎镀金银盘”、“沙普尔三世狩猎银盘”等画面有惊人的相似之处，表现了同样的风格，因此可以将这些图像统称为“仿波斯风格的图像”。

应当指出的是，这些图像也仅仅是粟特“仿波斯风格的图像”，并不是与波斯图像完全相同。之所以这样说，是因为仔细观察，就会发现石堂图像中的波斯人形象，与波斯遗存银盘中的形象有一点差别，即后一组图像中，除第 6 幅外，其他 4 幅图像中的主要人物，都穿着裤脚塞在靴筒里的短靴。有这种裤脚形式的国王图像银盘，在山西省大同市也曾出土过。2000 年，俄罗斯著名中亚考古学家马尔沙克先生来山西参观，曾就此件银盘图像中裤脚塞在靴筒里的特征指出，这件银盘是产自粟特的，表现的是波斯附属国国王的形象。虞弘墓石堂图像的后几幅图像，也有此特征，自然也应当是渊源于粟特，是粟特“仿波斯风格的图像”的延续。

虞弘墓图像中有些服装很特殊，如石堂第 6 幅骑象搏狮的图像，骑者为一中年男子，身穿一件长袍，外套一件紧身红色圆领半臂衫，腰部系着革带，下身穿一条紧腿裤，膝下部分另有一宽肥的花边护腿，

图九八 沙普尔一世战胜图

图九九 巴郎一世骑马叙任图

足蹬一双软鞋。他两手各握一把长剑，扭身回首，奋力向后方扑上来的一头狮子劈去。

图一〇〇 波斯萨珊王朝国王骑马猎狮银盘

此人的上衣是紧身红色圆领半臂衫，这种上衣多见于波斯萨珊王朝的图像上。他的裤子形状也很特殊，沿边加工成宽花边形状。类似的这种宽花边裤，在波斯器皿上与波斯石刻上方可见到。在波斯器皿上与波斯石刻上，花边裤有几种，相同的特征是，裤子后部带有上窄下宽的花边，有些花边甚至向上延伸到臀部，而且花边的形状、宽窄也是多种多样。著名的“阿尔达希尔一世骑马接任图”等摩崖石刻中，国王都穿着不同花边的裤子。另在前述几位波斯国王狩猎镀金银盘及其他图像上，波斯国王也都穿着大同小异的花边裤。

还有些服饰表现形式，在画面中以超现实的夸张形式出现了。譬如，虞弘墓石堂图像中的人物头后或两侧多有飘带，这些飘带头不是自然向下，而是逆转朝上；又如图像中人物的长帔在顺臂而下时，在半中间往往要打一个圈，然后再自然落下。类似的表现形式，都是现实中不存在却又带有美感的特殊艺术手法。这些手法，在中国传统艺术中不见，而西亚和入华粟特人墓葬图像中经常出现，如在 Miho 博物馆所藏北朝石棺床上，在西安北周史君墓石椁浮雕中，都有这种来自异邦的艺术特色。在遗存的波斯银盘图像中，飘带头有的朝上，有的朝下，两种表现形式并存。

进行细致的比较，一是希望搞清虞弘墓石堂图像的种种艺术特点，二是探索虞弘墓石堂图像内容和艺术特点的来源及演变。通过比较，初步了解到，虞弘墓石堂图像内容和艺术特点既有来自波斯的，也有来自粟特的，两者兼有。同时，通过比较，对虞弘墓石堂图像艺术与其他入华粟特人石榻或石棺床图像艺术的异同，也有了一定的了解。

虞弘墓石堂图像中的未解之谜

虞弘墓石堂图像中还存在一些很有特色的图像，如波斯和粟特古代遗存图像中常见的人狮搏斗图、传统的葡萄藤叶纹饰以及忍冬纹、绶带鸟、万寿果树。其中人狮搏斗图明显源自波斯艺术，遗存的波斯银盘图像可以为证。有的场面和细节酷似波斯银盘图像，如几幅狩猎的画面，明显是波斯银盘图像的翻版或改造。两者细节相似处也很多，以第 4 块堂壁图像上一只狮子扑咬骆驼前胸的细节为例，在“巴朗五世狩猎银盘”上，同样也有一个狮子扑咬马前胸的细节（图一〇一），证明两者有渊源传承关系。除了“人狮搏斗图”外，虞弘墓石堂图像中还有波斯和粟特古代遗存图像中罕见的牛狮搏斗图、犬狮搏斗图、象狮搏斗图、马狮搏斗图，甚至还有骆驼与狮子厮咬的图景。这些夸张的艺术表现方式，是对表现人物神勇的补充和衬托。奇怪的是，这些图像，仅在虞弘墓石堂图像中出现，在其他入华粟特人墓葬图像中却没有，目前尚不明白是什么缘故。

这些图像中，也有许多不可思议的困惑之处。如对手的雕绘，表现手的水平与表现整体的水平很不匹配，依今天的标准衡量，是出人意料的拙劣。如第5块堂壁图像，是墓中最重要的图像之一，但是墓主人夫妇俩端酒碗或酒杯的手，都表现得令人失望。男主人端酒碗的右手五指直伸，不可能端稳酒碗，可视为表现不自然；女主人端酒杯也是用的右手，但是稍加注意，即可看出，端酒杯的手实际上是左手

图一〇一 巴郎五世狩猎银盘

端杯方能具有的姿势。这不是偶然之失、无心之错，同样的问题在多处出现，如第 7 幅石堂堂壁图像中主要人物端碗的手，也是本应是右手，伸出的也是右臂，但仔细观察，却是左手的表现形式。这似乎不是为了美感而故意采取的表现形式，像飘带、长帔等表现形式那样。这样表现究竟是为什么？技艺乎？抑或是特色乎？难以定论。对于表现手的技法，北齐也不是很高，如太原北齐徐显秀壁画墓中所见之手，都不如其他部位画得好。两者之间如有联系，那就不是虞弘墓图像设计者的问题，而应归咎于工匠了。

虞弘墓图像中还有一些重要而又令人迷惑的现象，即有的人物有头光，有的人物没有头光，令人不解，难以判定人物的身份。我们在波斯遗存摩崖石刻和银盘中，也看到有头光和无头光人物共存的现象。如波斯“帝王狩猎野猪”摩崖石刻中，有两个主要人物，一个有头光，另一个无头光。另外如“沙普尔二世狩猎野羊银盘”中，沙普尔二世有头光；而在“沙普尔二世狩猎野猪银盘”和“沙普尔二世猎鹿银盘”中，沙普尔二世却没有头光。同一个人，有时有头光，有时无头光，原因是什么，目前尚不知道，但由此来看，头光是不是“神”的标志，还需要进一步探讨，头光的神秘面纱，有待被揭开。

图像人物寻踪

虞弘墓石堂图像中，主要有三个民族的人物形象，即粟特人形象（包括鱼国人）、波斯人形象与突厥人形象。粟特人形象最多，占大多数，在图像人物数量中所占比例最大。石堂图像中计有人物 85 人（包括2个人首鹰身者），其中粟特人形象的50余人，达到多半以上。粟特人是“昭武九姓”的泛称，由许多国家的人所组成，服饰、发式均有一些差别。其余为波斯人和突厥人。

粟特人形象的特征之一是留着黑色短发。古代粟特人普遍留着短发，如《魏书·焉耆国传》：“丈夫并剪发以为首饰。”[27]同卷《悦般国传》：“俗剪发齐眉，以醍醐涂之，昱昱然光泽。”[28]同卷《嚈哒国传》：“头皆剪发。”[29]同卷《康国传》也载：“其王索发，冠七宝金花，衣绫、罗、锦、绣、白叠，其妻有髻，幪以皂巾。丈夫剪发，锦袍……人皆深目高鼻，多须髯。”[30]

根据虞弘墓图像看，短发又分四种形式，说明在短发男性之间，还存在一些差别。一种是齐耳短发，另一种是短发，发尾向后上翘，似有发髻，有的还在发上系一根带。类似的这种有髻短发，在汉代墓葬出土的匈奴人形象上就曾有过，如陕西省西安市沣西客省庄104号墓出土的角抵纹腰带透雕铜饰上所见匈奴人发髻，就与后者相近[31]，但头发稍长。北朝后期，匈奴族已不复存在，但随着匈奴人消散于各地，这种发式有可能随着匈奴人后裔流传下来并有所改变。在西安安伽墓石榻图像中，也有一例这样的发式，与虞弘墓石堂图像中的这类发式相同。

另一种是无髻齐耳短发，类似短发在撒马尔罕与片治肯特壁画中也可见到，但有少许不同。

粟特人的形象在中国发现很多，北周安伽墓石榻图像中、Miho

博物馆所藏北齐石榻图像中、波士顿博物馆藏北朝石榻屏风图像中，还有西安出土的北周史君墓石堂图像中，都有许多粟特人的形象。在上述图像中，粟特人都是短发，但观察、比较，由于国别不同，又存在一些差异，如安伽墓图像[32]和西安北周史君墓图像[33]所见短发较浓密，Miho 石榻图像所见短发较齐整[34]，虞弘墓图像和波士顿博物馆石榻图像中所见短发相近，浓密程度适中[35]。北朝到隋唐的许多墓志和出土文书中，也有许多关于粟特人的记载，使我们对粟特人的形象和各方面情况相对而言比较熟悉了。

波浪形长发的形象，在中国的粟特人石葬具图像中很少见，在波斯银币中却常常见到。但是最清楚的，还是在波斯萨珊王朝遗存的崖刻与器物图像上。在那些图像上，有许多留着波浪形长发的国王形象。

虞弘墓石堂图像中，目前尚不明白为何有如此多的波斯人形象。还有一些问题不易解释，如有的波斯人形象，并不是真正的波斯人，最典型的例子是图像第一部分第五块画面中的墓主人虞弘，同样是波斯人的形象。出现这种现象，的确令人困惑，背后一定有我们暂时还不知道的原因。波斯人形象的图案只见于图像第一部分和第三部分，给人的感觉是，这些波斯人地位较高，多有头光和飘带、帔帛。

突厥人的形象特征是长头发披在背后，有的梳成一股，有的梳成多条发辫。《周书·突厥传》记载，“（突厥）其俗被发左衽”[36]。“被发”即“披发”，也就是辫发、编发。在近年发掘的入华粟特人石葬具图像中，存在大量突厥人形象。西安唐陵前有不少突厥番王石雕像，有披发的，有编发的，可以为证。

几种人物形象均见于虞弘墓石堂图像中，具体来看，在第一、第三部分，是三个民族的人物形象都有，在第二部分，都是粟特人物形象。三个民族的人物形象在画面中的比例不同，作用也不同，间接体现了古代艺术家对各种人的重视程度与关系的远近。反过来，搞清图像人物的民族成分以及各自担当的社会角色，对我们进一步了解图像内涵提供了必不可少的条件。

图像中人物穿的服装主要是圆领窄袖长袍和圆领半袖服装，每种又可以再分为几式。这两类服装在粟特人、波斯人和突厥人身上都可以见到，说明他们在服装文化上有一定共性。

两类服装都有上部开襟和不开襟两种。上部不开襟的服装在安伽墓石榻图像中也有，与波斯一带的男子常服可能有关。《魏书》卷一〇二《波斯国传》："其俗：丈夫剪发，戴白皮帽，贯头衫，两厢近下开之，亦有巾帔，缘以织成。"这种上部不开襟的长袍或者半袖服装就可能是《波斯国传》提到的"贯头衫"。上部不开襟的长袍或半袖长衫，下部应当开衩，以便于双腿做一些大的动作，如上下马匹或者奔跑。

几种半袖服装在北朝考古资料中比较少，在其他入华粟特人墓葬图像中见到的也不多，史书也不见记载，但在隋唐时期，这种服装很流行。经过对服装的分类，不仅搞清了半袖服装的多样性，还知道了隋唐时期这种服装的来源和演变途径。有的服装很特殊，如半袖衫，很典型，是研究这些民族和服装的重要资料。

【注释】

[1] 在史书中,西域诸国深目高鼻和剪短发者多有记载,如《魏书·于阗国传》:"自高昌以西,诸国人等深目高鼻,唯此一国,貌不甚胡,颇类华夏。"同卷《焉耆国传》:"丈夫并剪发以为首饰。"同卷《悦般国传》:"俗剪发齐眉,以醍醐涂之,昱昱然光泽。"同卷《嚈哒国传》:"头皆剪发。"

[2] 孙机.唐李寿石椁线刻《侍女图》《乐舞图》散记//中国圣火.沈阳:辽宁教育出版社,1996:211.

[3] 普加琴科娃,列穆佩.马首鱼身兽是中亚常用的图案.陈继周,李琪,译//中亚古代艺术.乌鲁木齐:新疆美术摄影出版社,1994:12-14.
另在撒马尔罕壁画中,也有带翼绶带马(见L.I.アリパウム《古代サマルカントの壁画》,文化出版局,1980年,图53)。

[4] 亦有人称之为"叵罗"(见蔡鸿生:《唐代九姓胡与突厥文化》,中华书局,1998年版,第31页)。但在西安法门寺地宫内,出土波罗子却是一套五件、上下套放一起的器物(见齐东方:《唐代金银器研究》,中国社会科学出版社,1999年版,第75-78页、122-123页)。

[5] 此类杯在撒马尔罕壁画中也有(见L.I.アリパウム《古代サマルカントの壁画》,文化出版局,1980年,第110、128页)。

[6] 铜钹最早出现于亚述,后经波斯、印度传入我国,时间约当汉代(见周菁葆:《丝绸之路艺术研究》,新疆人民出版社,1994年版,第206-207页)。《通典》卷一百四十四《乐四》:"铜钹,亦谓之铜盘,出西戎及南蛮。其圆数寸,隐起如浮沤贯之,以韦相击,以和乐也。"

[7] 《旧唐书·音乐志》:"腰鼓,大者瓦,小者木,皆广首而纤腹,本胡鼓也。石遵好之,与横笛不去左右。"亦有人称同样外形然体形小者为"毛员鼓"(见新疆维吾尔自治区文物管理委员会、拜城县克孜尔千佛洞文物保管所、北京大学考古系编:《中国石窟·克孜尔石窟二》,文物出版社,1996年版,第230页)。

[8] 《旧唐书·音乐志》:"竖箜篌,胡乐也。汉灵帝好之。体曲而长,二十有二弦,竖抱于怀,用两手齐奏,俗谓之擘箜篌。凤首箜篌,有项如轸。"唐人顾况《李供奉弹箜篌歌》:"胡曲汉曲声皆好,弹着曲髓曲肝脑。"(见《全唐诗》第八册,卷二百六十五《顾况二》,中华书局,1960年版,第2946页)

[9] 《旧唐书·音乐志》:"笛,汉武帝工丘仲所造也。其原出于羌中。短笛,修尺有

余。长笛、短笛之间,谓之中管。篪,吹孔有咀如酸枣。横笛,小篪也。汉灵帝好胡笛,五胡乱华,石遵玩之不绝音。”唐人宋之问《咏笛》:“羌笱写龙声,长吟入夜清。关山孤月下,来向陇头鸣。”高适《和王七玉门关听吹笛》:“胡人吹笛戍楼间,楼上萧条海月闲。借问落梅凡几曲,春风一夜满关山。”(见《全唐诗》第六册,卷二百十四《高适四》,中华书局,1960年版,第2243页)

[10] 《旧唐书·音乐志》:“筚篥,本名悲篥,出于胡中,其声悲。亦云:胡人吹之以惊中国马云。”唐人李颀《听安万善吹筚篥歌》:“南山截竹为筚篥,此乐本自龟兹出。流传汉地曲转奇,凉州胡人为我吹。傍邻闻者多叹息,远客思乡皆泪垂。……”(见中国舞蹈艺术研究会、舞蹈史研究组编:《全唐诗中的乐舞资料》,音乐出版社,1958年版,第113页)

[11] 《隋书·音乐志》:“今曲颈琵琶,竖箜篌之徒,皆出自西域。”事实上也是这样,琵琶是由西亚传入中国的(见周菁葆:《丝绸之路艺术研究》,新疆人民出版社,1994年版,第180-181页)。唐人李峤《琵琶》诗也云:“本是胡中乐,希君马上弹。”(见《全唐诗》第三册,卷五十九《李峤三》,中华书局,1960年版,第709页)

[12] 帔帛在佛教人物图像上如菩萨身上常见,但它却是起源于波斯,孙机先生曾考证说:“在当时的亚洲,服装中用帔的地区首推波斯。”(见孙机:《唐代妇女的服装与化妆》,《文物》,1984年第4期)

[13] 这种男子独舞,我认为即唐诗中描述的“胡腾舞”。唐代诗人刘言史的《王中丞宅夜观舞胡腾》和李端的《胡腾儿》对胡腾舞作了真实写照和艺术概括(见《全唐诗》第十四册,卷四百六十八《刘言史》,中华书局,1960年版,第5323页;《全唐诗》第九册,卷二百八十四《李端一》,中华书局,1960年版,第3238页)。

[14] 鸟脖颈之带,在中国古代称之为戴胜。这种脖上系带鸟同前几图上的系带鸟虽非同一种鸟,但佛教中统称为迦陵频伽鸟,在西亚等地统称为吉祥鸟。这种吉祥鸟图案在国内外其他图像上也有(见姜伯勤:《安阳北齐石棺床画像石的图像考察与入华粟特人的祆教美术》图15,《艺术史研究》第一辑,1999年)。

[15] 唐李端《胡腾儿》诗中有“桐布长衫前后卷,葡萄长带一边垂”之句,描写跳胡腾舞者之衣带,说明葡萄形长带是胡人的衣饰之一。本书暂以葡萄形长带名之。

[16] 这种束帛座在克孜尔石窟、库木吐喇石窟、敦煌石窟、云冈石窟等处均可见到,大同小异,其中云冈石窟最多。

[17] 弹琵琶者右手中的长条形物为木制,称木拨,也称拨头。白居易《听琵琶妓弹略

略》:"腕软拨头轻,新教略略成。四弦千遍语,一曲万重情。"(见《全唐诗》第十三册,卷四百四十七《白居易二十四》)

[18] 这种冠酷似某些菩萨和波斯王的日月冠(见林良一:《シルヶロ丨゛卜》,时事通讯社,昭和六十三年版,第88、91页)。

[19] 亦有人称之为五弦琵琶(见陈舜臣:《西域余闻》,广西师范大学出版社,2009年,第142-148页)。《通典》卷一百四十四《乐四》:"五弦琵琶,稍小,盖北国所出。旧弹琵琶皆用木拨弹之,大唐贞观中,始有手弹之法,今所谓掐琵琶者是也。"细观该图像,不见手中有木拨,已是直接用手指弹弦。这种琵琶在敦煌北周、隋唐石窟中均可见到。

[20] 吴玉贵.突厥汗国与隋唐关系史研究.北京:中国社会科学出版社,1998:55-60.

[21] 陕西省考古研究所.西安发现的北周安伽墓.文物,2001(1):19-22.

[22] 吴玉贵.突厥汗国与隋唐关系史研究.北京:中国社会科学出版社,1998:55-60.

[23]《新唐书·哥舒翰传》:"禄山谓翰曰:'我父胡,母突厥;公父突厥,母胡。族类本同,安得不亲爱?'"

[24] 全唐诗(第十四册)·卷四百六十八·刘言史.北京:中华书局,1960:5323.

[25] 全唐诗(第九册)·卷二百八十四·李端一.北京:中华书局,1960:3238.

[26] 陕西省考古研究所.西安发现的北周安伽墓.文物,2001(1).
杨军凯.西安又发现北周贵族史君墓.中国文物报,2003-09-26:1.

[27] 魏书·焉耆国传.北京:中华书局,1974:2265.

[28] 魏书·悦般国传.北京:中华书局,1974:2268.

[29] 魏书·嚈哒国传.北京:中华书局,1974:2279.

[30] 魏书·康国传.北京:中华书局,1974:2281.

[31] 中国科学院考古研究所.沣西发掘报告:1955—1957年陕西长安县沣西乡考古发掘资料.北京:文物出版社,1963:138-140.
杨鸿.西汉相扑纹铜带镝//寻常的精致.沈阳:辽宁教育出版社,1996.
也与南西伯利亚所出黄金饰牌上的匈奴人发髻相似,参见孙机.玉具剑与璏式佩剑法//中国圣火．沈阳:辽宁教育出版社,1996:32.

[32] 陕西省考古研究所．西安发现的北周安伽墓．文物,2001(1).

[33] 杨军凯．西安又发现北周贵族史君墓．中国文物报,2003-09-26:1.

[34] J.J.Lally & Co.Oriental Art"Chinese Archaic Bronzes, Sculpture And Works of Art",New York,1992,Fig.If-1k..

[35] J.J.Lally & Co.Oriental Art"Chinese Archaic Bronzes, Sculpture And Works of Art",New York,1992,Fig. XI – XII．
姜伯勤．安阳北齐石棺床画像石的图像考察与入华粟特人的祆教美术．艺术史研究(第1辑).广州:中山大学出版社,1999.

[36] 周书·异域传·突厥．北京:中华书局,1971:905.

晋阳

并州

鱼国

粟特

柔然

祆教

萨保

波斯

虞弘墓之外

北朝、唐代『胡腾舞』探讨专访

丝绸之路与中古胡商遗物访谈

解读虞弘墓

Interpretation
of Yu Hong's Tomb

北朝、唐代『胡腾舞』探讨专访

问：张先生，您好！您的文章中多次提到“胡腾舞”，虞弘墓石堂图像中是不是也有“胡腾舞”图像？

张：是的，我探讨“胡腾舞”，是从虞弘墓图像起步的。虞弘墓石堂图像中，有三幅“胡腾舞”图，第一幅见于第一部分正壁墓主人宴饮图中，第二幅见于外壁墨绘图像中，第三幅见于石堂底座图像中。写发掘报告时，要求我对这三幅图像作出解释，特别是对第一幅图中的舞蹈，究竟是什么舞蹈，这样我就开始探讨“胡腾舞”。

问：您能具体讲讲其中最具代表性的一幅吗？

张：三幅图像中，最醒目的是第一幅。这是一幅宴乐图，大庐帐内设一床榻，床榻上坐着一男一女两个墓主人，一边饮酒，一边欣赏舞蹈。在男女主人两侧，各有两名粟特男女侍者。在主人和侍者前面，还有一块较大的场地，六名男乐者分左右跪坐于两侧，正在伴奏（一〇二）。

乐者中间，一个男子正在舞蹈，深目高鼻，上着半袖衫，肩披一条长帔帛，腰间系一长软带，下穿紧身裤，赤脚，脚下铺小圆毡，左

脚着地，右脚后翘，肩上帔带和腰间软带在空中飘舞着，两臂一上一下，回首顾盼，急速地跳着舞蹈。在他的一侧，竖立着一个大型酒壶。根据该幅图表现的人物、环境、色彩、乐舞组合等，查阅大量资料，最后才知道，该舞蹈就是历史上与“胡旋舞”齐名的“胡腾舞”。

问：您勾起大家对“胡腾舞”的好奇，您是怎么着手研究“胡腾舞”的？

张：两汉以来数百年间，中原“胡风”愈刮愈烈，形成当时之时尚。其中大量来自粟特的音乐、舞蹈，构成该阶段“胡风”炽盛的鲜明标志之一。以往前辈学者已据古文献资料证明了这点[1]，后来学者又结合考古发现的图像资料展示了粟特乐舞的具体形象[2]。这方面的

图一〇二 胡腾舞

研究成果十分可观，但确实还存在许多问题，如来自粟特地区的“胡腾舞”有什么特征？“胡旋舞”与“胡腾舞”，究竟是两种舞蹈，还是一种舞蹈？两者传入的时代是否相同？以前出土的粟特男子独舞图像，究竟是“胡腾舞”，还是“胡旋舞”？诸如此类的问题，学界一直是仁智各见。近年，随着入华粟特人墓葬的陆续发现，相关资料空前增加，开拓了进一步研究的空间。虞弘墓发掘后，图像资料急需解读，我就是以此为契机开始探讨的。

问：对“胡腾舞”的探讨，学术界首先从哪里入手？

张：首先是古代文献，我国学术界对“胡旋舞”与“胡腾舞”的认识是从文献史料开始的。有关文献集中于唐代，对“胡旋舞”与“胡腾舞”最丰富细致的描述，均保留在遗存的唐诗中。其中唐代诗人刘言史和李端等人都对“胡腾舞”作过翔实生动的记述。

问：您能具体介绍这些诗吗？好让大家由唐诗感受“胡腾舞”。

张：如李端（737—784）的《胡腾儿》：

胡腾身是凉州儿，肌肤如玉鼻如锥。
桐布轻衫前后卷，葡萄长带一边垂。
帐前跪作本音语，拾襟搅袖为君舞。
安西旧牧收泪看，洛下词人抄曲与。
扬眉动目踏花毡，红汗交流珠帽偏。
醉却东倾又西倒，双靴柔弱满灯前。

环行急蹴皆应节，反手叉腰如却月。

丝桐忽奏一曲终，呜呜画角城头发。

胡腾儿，胡腾儿，故乡路断知不知。[3]

又如唐代诗人刘言史（约742—813）的《王中丞宅夜观舞胡腾》：

石国胡儿人见少，蹲舞尊前急如鸟。

织成蕃帽虚顶尖，细氎胡衫双袖小。

手中抛下蒲萄盏，西顾忽思乡路远。

跳身转毂宝带鸣，弄脚缤纷锦靴软。

四座无言皆瞪目，横笛琵琶偏头促。

乱腾新毯雪朱毛，傍拂轻花下红烛。

酒阑舞罢丝管绝，木槿花西见残月。[4]

还有一首元稹（779—831）的《和李校书新题乐府十二首·西凉伎》，该诗与“胡腾舞”有关，但不是完全描写“胡腾舞”的诗，对了解“胡腾舞”及其表演场合也很重要。其诗记载：

吾闻昔日西凉州，人烟扑地桑柘稠。

蒲萄酒熟恣行乐，红艳青旗朱粉楼。

楼下当垆称卓女，楼头伴客名莫愁。

乡人不识离别苦，更卒多为沉滞游。

哥舒开府设高宴，八珍九酝当前头。

前头百戏竞撩乱，丸剑跳踯霜雪浮。

狮子摇光毛彩竖，胡腾醉舞筋骨柔。

大宛来献赤汗马，赞普亦奉翠茸裘。

一朝燕贼乱中国，河湟没尽空遗丘。
开远门前万里堠，今来蹙到行原州。
去京五百而近何其逼，天子县内半没为荒陬，
西凉之道尔阻修。
连城边将但高会，每听此曲能不羞。[5]

以上三首诗均描写"胡腾舞"，前两首主要描写胡腾舞者及其音乐和动作，后一首主要描述西凉州，提到了凉州存在"胡腾醉舞"，一句话里，包含着很多信息。

问：好灵动的诗。除了唐诗，别的史料中也有关于"胡腾舞"的记载吗？

张：正史中也有对"胡腾舞"的记载，但是远远不如唐诗描述得形象、细致。《宋史》卷一四二《乐志十七·教坊条》云："队舞之制，其名各十。小儿队凡七十二人：一曰柘枝队，衣五色绣罗宽袍，戴胡帽……四曰醉胡腾队，衣红锦襦，系银鞊鞢，戴毡帽。五曰……"这是正史中对"胡腾舞"的唯一记载。

问：您也提到"胡旋舞"，我们知道，杨贵妃、安禄山善跳"胡旋舞"，"胡旋舞"在古代享有盛名，甚至比"胡腾舞"有过之而无不及，请问"胡旋舞"在古代文献中有无记载？

张：有的，"胡旋舞"在正史中有多处记载。如《旧唐书·外戚

传·武承嗣传附子延秀传》："延秀久在蕃中，解突厥语，常于主第，延秀唱突厥歌，作胡旋舞，有姿媚，主甚喜之。"

《旧唐书·安禄山传》："至玄宗前，作胡旋舞，疾如风焉。"[6]

《旧唐书·音乐二》："舞急转如风，俗谓之胡旋。"[7]

《新唐书·西域传下·康国传》："开元初，贡锁子铠、水精杯、玛瑙瓶、驼鸟卵及越诺、侏儒、胡旋女子[8]。……开元时，献璧、舞筵、师子、胡旋女。"

《新唐书·西域传下·俱蜜传》："开元中，献胡旋舞女，其王那罗延颇言为大食暴赋，天子但尉遣而已。"[9]

《通典》卷一四六："舞急转如风，俗谓之胡旋。"[10]

问：除了正史，唐诗有没有关于"胡旋舞"的描述呢？

张：该舞在唐诗中也有记述，如元稹的《胡旋女》：

天宝欲末胡欲乱，胡人献女能胡旋。
旋得明王不觉迷，妖胡奄到长生殿。
胡旋之义世莫知，胡旋之容我能传。
蓬断霜根羊角疾，竿戴朱盘火轮炫。
骊珠迸珥逐飞星，虹晕轻巾掣流电。
……[11]

又如白居易的《胡旋女》：

胡旋女，胡旋女，心应弦，手应鼓。
弦鼓一声双袖举，回雪飘飖转蓬舞。
左旋右转不知疲，千匝万周无已时。
人间物类无可比，奔车轮缓旋风迟。
曲终再拜谢天子，天子为之微启齿。
胡旋女，出康居，徒劳东来万里余。
中原自有胡旋者，斗妙争能尔不如。
天宝季年时欲变，臣妾人人学圜转。
中有太真外禄山，二人最道能胡旋。[12]

又如岑参的《田使君美人舞如莲花北鋋歌》，其诗虽然没有冠以“胡旋舞”之名，但描写的内容应该就是“胡旋舞”。其诗云：

美人舞如莲花旋，世人有眼应未见。
高台满地红氍毹，试舞一曲天下无。
此曲胡人传入汉，诸客见之惊且叹！
慢脸娇蛾纤复秾，轻罗金镂花葱茏。
回裾转袖若飞雪，左鋋右鋋生旋风。
琵琶横笛和未匝，花门山头黄云合。
忽作出塞入塞声，白草胡沙寒飒飒。
翻身入破如有神，前见后见回回新。
始知诸曲不可比，采莲落梅徒聒耳。
世人学舞只是舞，姿态岂能得如此！[13]

问：“试舞一曲天下无”，很是美妙！可“胡腾舞”和“胡旋舞”有什么差别？是否名异实同？

张：通过分析以上文献史料，起码可以知道，虽然“胡腾舞”与“胡旋舞”仅有一字之差，但两种舞区别甚明。顾名思义，前者特点在于“腾”，后者特点在于“旋”。再进一步体味这几首诗和有关记载，可以将两种舞细分为几方面的差异：一种以男子为主，一种以女子为主；一种以双腿踢蹬腾跳为主，一种以身体急速旋转为主。从而证明“胡腾舞”与“胡旋舞”不是一种舞，而是两种舞。如再考虑男女的体质特征，也可以找到两种舞有性别差异的证明。显而易见，男性身体刚武有力，更适宜于表演以“腾”为特征的舞蹈，女性的身体柔韧轻灵，更适宜于表演以“旋”为特征的舞蹈。参证诗文，推测“胡腾舞”与“胡旋舞”的一字之差，除表明两种舞表演形式不同外，的确寓含了一种舞以男性为主，另一种舞以女性为主的性别差异。此外，“胡腾舞”又名“醉胡腾”，与喝酒有很大的关系，我们在前面两首描述“胡腾舞”的诗中，都看到有酒，如“手中抛下蒲萄盏”“醉却东倾又西倒”等，都可以看作是“胡腾舞”与“胡旋舞”的差别。

唐人段安节在《乐府杂录》中叙及唐代舞蹈时说：“健舞曲有《棱大》《阿连》《柘枝》《剑器》《胡旋》《胡腾》。软舞曲有《凉州》《绿腰》《苏和香》《屈柘》《团圆旋》《甘州》等。”[14]他将胡旋、胡腾两种舞蹈放在一处叙述，证明两者虽然共存于同一时代，也同是健舞，但并非一种舞蹈，否则不会把二者并列叙述。

问：以往学界研究“胡腾舞”的学者多不多？

张：早在民国，国内外就有人研究过“胡腾舞”，都是依据文献来研究。如北京大学的向达先生，他据刘言史《王中丞宅夜观舞胡腾》和李端《胡腾儿》两首诗解释“胡腾舞”云：“就刘、李二人诗观之，胡腾舞大约出于西域石国，舞此者多属石国人，李端诗‘肌肤如玉鼻如锥’，则其所见之胡腾儿为印欧之伊兰种人可知也，此辈舞人率戴胡帽，着窄袖衫儿。帽缀以珠，以便舞时闪烁生光，故云珠帽。兰陵王、拨头诸舞，舞人所着衫后幅拖拽甚长，胡腾舞则舞衣前后上卷，束以上绘葡萄之长带，带之一端下垂，大约使舞时可以飘扬生姿。……胡腾舞容不甚可知，依二诗所言，大率动作甚为急遽，多取圆形，是以‘环行急蹴’‘跳身转毂’云云。胡腾之腾或指其‘反手叉腰’，首足如弓形，反立毡上，复又腾起而言欤？与胡腾舞伴奏之乐器有横笛与琵琶，酒阑舞罢，丝桐忽奏，于是一曲亦终矣。”[15] 当时日本也有学者依据文献史料，开始研究“胡腾舞”。可惜的是，由于出土资料罕见，研究人数和成果都比较少，但筚路蓝缕之功令人景仰。

问：您如何看待向达先生的研究？是否有所续补？

张：向达先生研究“胡腾舞”依靠的是唐诗等文献资料，就文献而言，其解释令人叹服。但由于受文献资料局限性的制约，这些描述难以精确恢复舞蹈场面。诗词描述的舞蹈场面，显然不如图像直观、形象。现在有图像、舞蹈俑等第一手资料，再探讨“胡腾舞”，就比仅有文献占有优势。大量图像资料再加上文献资料，研究的资料基础更为雄厚、全面，对“胡腾舞”自然会有更清晰的认识。

对照虞弘墓石堂内后壁雕绘的男子舞蹈图以及各地北朝、唐代墓中出土的同类图像，可以在向达先生对“胡腾舞”解释的基础上作出更准确的解释，具体补正如下：

1.“胡腾舞”诗中提及的葡萄之长带，恐非“上绘葡萄之长带”，而是带端为葡萄叶形状的软腰带。在虞弘墓石堂几幅“胡腾舞”图像中，舞蹈者全系着带端为葡萄叶形状的软腰带，可为一证。

2.诗中所记之“环行急蹴”，为何会是“多取圆形”呢？从虞弘墓石堂图像中可找到原因，是舞者只限于在小圆毡上跳舞。

3.给“胡腾舞”伴奏之乐器，主要有横笛与琵琶，但并非仅有横笛与琵琶，也可以有其他乐器，可多可少，如虞弘墓石堂内后壁雕绘图案中给“胡腾舞”伴奏的，就有箜篌、钹、筚篥、腰鼓、横笛与琵琶。

4.通过对照虞弘墓中“胡腾舞”的图像，舞蹈者脚下均有一圆毡，由此也对二诗中“乱腾新毯”“扬眉动目踏花毡”之句有了正确的理解。

5.二诗中描述的都是男子，如“石国胡儿”，虞弘墓石堂图像中的舞蹈者也都是男子，可以相互印证。

6.再从第一首诗中描述舞蹈者表演时“手中抛下蒲萄盏”和第二首诗中“醉却东倾又西倒”之句看，“胡腾舞”与酒有很大的关系，舞者借助酒力，才能豪放不羁，舞得尽兴，这和文献中称之为“醉胡腾”恰恰吻合[16]。在虞弘墓石堂后壁“胡腾舞”的图案中，在舞者左前方，雕绘着一个硕大的酒壶，原因就在于此。在其他粟特人墓葬出土的图像以及相关的器物，也能证明酒与“胡腾舞”的紧密关系。虞弘墓石堂底座背后彩绘“胡腾舞”图案中，舞者姿态，正是诗中“醉却东倾又西倒”的真实写照。

诗图对比，结合文献，从以上几方面看，都是同多异少，我认为虞弘墓中的舞蹈图像即是诗中描述的“胡腾舞”。

问：证明虞弘墓中的舞蹈图为“胡腾舞”，有什么意义？

张：证明虞弘墓中的舞蹈图像即是北朝、唐、五代盛行的“胡腾舞”，有两个方面的意义：一是清楚了虞弘墓石堂舞蹈图像的名称与图像的地域文化背景，有助于进一步研究墓主人的生活环境；二是以虞弘墓的舞蹈图像为参照坐标，可对以往发现的类似图像作一检查，探讨“胡腾舞”在中原流传的来龙去脉。

问：虞弘墓中的“胡腾舞”图像是不是最早的“胡腾舞”图像？

张：通过对以往出土文物的排查，我们发现，与虞弘墓石堂舞蹈图案相似的“胡腾舞”形象，已经出土不少，时代最早的当是北魏，甚至可以追溯到东汉。辽宁考古研究所所长田立坤先生不久前来晋，聊天期间，谈及在河南密县打虎亭汉墓二号墓后室石门东扇背面石刻中部，"雕刻一人在跳踏盘舞，舞人头挽发髻，身着短衣，两手上举过顶合十，一足抬起，一足踏于盘面上，姿势十分优美"[17]，供我研究"胡腾舞"参考。我事后取书反复端详，这个舞蹈者从形象上看，虽然没有酒器和伴奏者做伴，但舞姿好像与"胡腾舞"有一定联系，考察其源流，不妨将此列上，供将来慢慢求证。

此外，北魏遗物上也见过类似"胡腾舞"的形象。如发现于北魏平城遗址中的一个石砚，上面雕刻的几幅图案，其中便有类似"胡腾舞"的形象，一男子在跳舞，双手上举，颇有腾跳之势，旁有一男子在弹琵琶伴奏（图一〇三）[18]。在最近出土的一个北魏石灯上，也有男子舞蹈形象，恐也与"胡腾舞"有关。

图一〇三 北魏平城遗址出土的石砚表面上的舞蹈图

问：据您掌握的资料，北朝时期关于"胡腾舞"的图像还有多少？

张：实际上，我们看到很多这样的图像。我所掌握的资料主要有：

河南安阳北齐范粹墓出土的胡人乐舞黄釉酒壶上，也有跳"胡腾舞"之形象，图像正中为一舞蹈者，脚踏小圆毯，旁有四人伴奏（图一〇四）[19]。

这种扁酒壶在当时很流行，在各地出土较多，如洛阳孟津县也出土过类似的带釉扁酒壶，两面均为跳"胡腾舞"的形象，两壶内容相同，大小和颜色不一（图一〇五）。在洛阳地区，文物队还征集到一个与范粹墓图案相似，但颜色不同的扁酒壶（图一〇六），现藏于洛阳博物馆。

宁夏固原也出土过北齐卷草纹胡人乐舞绿釉扁酒壶，正反面都有跳"胡腾舞"之形象。画面是一舞蹈者，脚踏小圆毯，旁也有四人伴奏（图一〇七）[20]。

故宫博物院所藏北朝黄釉印花人物扁酒壶上，也有一幅表现"胡腾舞"的图像。舞者身穿翻领窄袖长衫，腰间系带，足蹬靴子，完全是西域人的装束。两旁还有六个西域人，手持琵琶、箜篌、横笛、小铙等乐器在伴奏（图一〇八）[21]。

类似的扁酒壶，在美国纽约大都会博物馆、芝加哥艺术博物馆、英国大英博物馆（图一〇九）、加拿大多伦多博物馆等也有收藏，不过有的壶外形要小一些，有的壶颜色是以棕色或绿色为主，有的壶雕刻工艺很精，超过前面所举几个。这些酒壶的图案主题相近，工艺有

图一〇四 河南安阳北齐范粹墓出土的胡人乐舞黄釉扁壶

图一〇五 河南孟津县北朝墓出土的胡人乐舞带釉扁壶

图一〇六 洛阳博物馆藏北朝胡人乐舞带釉扁壶

图一〇七 宁夏固原北齐墓出土的胡人乐舞绿釉扁酒壶

图一〇八 故宫博物院藏北朝胡人乐舞带釉扁酒壶

图一〇九 大英博物馆藏扁壶

高下、难易之别，不是一地生产的。这些扁壶上的“胡腾舞”图，与前面我们所说的“胡腾舞”的特点均相吻合，一是都为粟特男性腾跃的舞蹈，二是舞蹈者脚下都有圆毡，三是舞蹈图案都在扁壶上。扁壶多用来盛酒，本身就喻示了与酒的关系。这些扁酒壶的广泛存在，从一个侧面反映了北朝“胡腾舞”流传的地域范围。

更有意思的是，在山东临朐县博物馆所藏北朝卢舍那佛袈裟上也有类似“胡腾舞”的形象，两个伴奏者手持琵琶和笙（图一一〇）[22]。相似的“胡腾舞”形象，在青州出土的北齐卢舍那佛袈裟上也可以看到[23]。

问：北朝入华粟特人墓葬除虞弘墓外，还有其他人的墓葬，在这些人的墓葬中，是否也有"胡腾舞"图像？

张：有的，如在西安北周安伽墓石床榻图像中，也有三幅男子独舞图，旁有乐者和观者。乐者持曲颈琵琶、箜篌、横笛、腰鼓和排箫，观者手捧酒壶和酒罐，舞者脚下无毡，动作却似"胡腾舞"（图一一一、一一二、一一三）[24]。

图一一〇 山东临朐县博物馆藏北朝卢舍那佛袈裟上的『胡腾舞』图案

西安北周史君墓墓门左右门框上，线刻着两组舞乐飞天，背景是葡萄，多数人手持乐器在演奏，但是有三个人，却是手执酒壶、酒盏和来通，在尽兴舞蹈。这三个人物的舞蹈，应该也是“胡腾舞”。另外，在石堂北壁，也有一幅图，一个男子舞蹈，旁有两个男性伴奏。这个舞蹈者，显然也是在跳“胡腾舞”[25]。

图一一一 西安北周安伽墓石床榻图像中『胡腾舞』图之一

图一一二 西安北周安伽墓石床榻图像中『胡腾舞』图之二

图一一三 西安北周安伽墓石床榻图像中『胡腾舞』图之三

日本滋贺县 Miho 博物馆所藏北朝石床榻图像中，也有类似的舞蹈，一男子在中间挥臂抬腿，急速舞蹈，两侧有十来个乐者，手持箜篌、琵琶、横笛、铜钹等乐器（图一一四）[26]。

美国波士顿博物馆藏安阳所出北齐石床榻图像中，其中一幅也有一男子在中间快速舞蹈，两侧有几个乐者（图一一五）[27]。法国吉美博物馆2004年新展出的一件北朝石床榻，屏风画面上也有饮酒跳"胡腾舞"的形象（图一一六）[28]。

入华粟特人与"胡腾舞"的密切关系，可以从一个侧面说明"胡腾舞"的原产地和地域文化。

图一一四
日本 Miho 博物馆藏北齐石床榻图像"胡腾舞"图

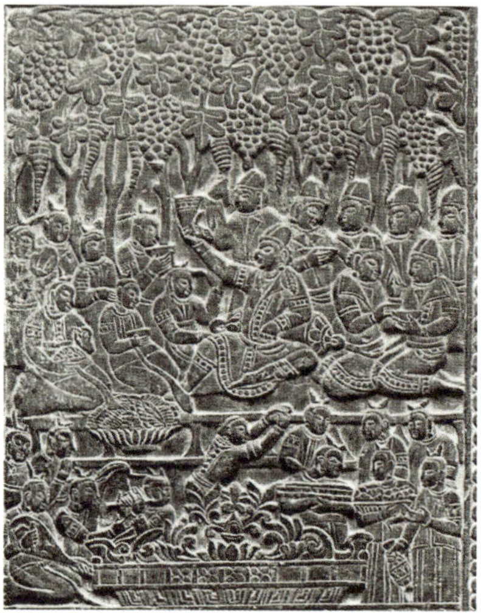

图一一五 波士顿博物馆藏安阳所出北齐石床榻上的“胡腾舞”

图一一六 法国吉美博物馆展出石床榻图像中的“胡腾舞”图

问：北朝时期的“胡腾舞”图像材料的确不少，那兼容并蓄的唐代是不是也留有“胡腾舞”的图像材料呢？

张：唐代，这种舞蹈也普遍存在，如西安唐苏思勖墓室东壁乐舞图，就展现了“胡腾舞”的姿容。画中地上铺了毛毡，一中年男子，深目高鼻，满脸胡须，头包白巾，身穿长袖衫，腰系黑带，脚穿黑靴子。他举左手抬右足的姿态，正像跳跃。两侧地毯上有九名乐工、两名歌者。乐器有筚篥、排箫、琵琶、箜篌、筝、笙、拍板、横笛和钹等（图一一七）[29]。

又如日本正仓院藏的唐时期琵琶上，有一个在大象背上表演乐舞

图一一七 西安唐苏思勖墓室东壁乐舞图

的画面，一人在中间跳“胡腾舞”，四周有人持横笛等乐器伴奏（图一一八）[30]。1987 年在西安市西郊长八沟窖藏内发现的一条伎乐白玉带，由 13 块玉片组成，每块上雕刻着胡人伎乐形象，乐器有排箫、贝、羯鼓等，还有一块雕刻着胡人斟酒图，其中一块为胡人舞蹈纹玉

图一一八 日本正仓院藏唐时期琵琶上的"胡腾舞"图案

铊尾，正面雕一胡人少年于圆毯上跳“胡腾舞”（图一一九）[31]。

1970年，在西安南郊何家村出土一批金银器，其中一件为鎏金伎乐八棱银杯，由两位舞者与六位乐者组成，全是胡人，两位舞蹈者所跳的，应当就是“胡腾舞”。在陕西西安陕棉十厂唐墓壁画中，还有一个人在乐队伴奏下跳着“胡腾舞”[32]，但舞蹈者和周围的伴奏者都形似汉人[33]。陕西省礼泉县唐昭陵陵园出土的胡人舞蹈纹玉铊尾，只有一块，应该是玉带的一部分，遗失部分当雕刻着乐者，现存的仅雕刻着一位跳“胡腾舞”者（图一二〇）[34]。河南安阳唐代修定寺塔上，也有类似图案（图一二一）[35]。需要补充说明的是，唐代“胡腾舞”图，舞蹈风格和乐队与北朝器物图像相同，只是不见酒壶，因此说，标准的“胡腾舞”图像，主要在北朝，但记述甚详的文字，却见于唐

图一一九 西安市西郊窖藏舞蹈纹玉铊尾拓片

图一二〇 陕西礼泉县唐昭陵陵园出土的舞蹈纹玉铊尾拓片

图一二一 河南安阳唐代修定寺塔上胡人舞蹈图

代诗歌。

问：您上面提到的唐代“胡腾舞”形象几乎都有乐者伴奏，那有没有无伴奏的图像呢？

张：“胡腾舞”多有乐队伴奏，也有无乐队伴奏的图像。宁夏固原盐池唐墓墓门上，只刻一个胡人男子在圆毡上疾速地跳着舞蹈（图一二二）[36]。西安碑林博物馆半截碑上，两侧刻着两个男子跳舞的形象，与宁夏盐池石刻的动作相近，脚下不是圆毡，而是花叶（图一二三）[37]。甘肃省山丹县文物馆收藏着一个跳“胡腾舞”的舞蹈铜俑，形象极为逼真，一个粟特人头戴尖顶帽，身背酒葫芦，单足立于一个象征圆毡的覆莲盆上，一边跳着“胡腾舞”，一边用右手握一只来通送向嘴边，身体东倒西歪，活脱脱一幅“醉却东倾又西倒”的形态（图一二四）[38]。据美国乐仲迪博士函告，在美国收藏家手里，也有类似铜俑，大同小异，可以媲美。

唐代，“胡腾舞”还流传到南方地区。湖南长沙窑唐代瓷器中有许多“胡腾舞”形象，在国内外均有出土。如在长沙出土的一件印模上，正反两面都刻有舞蹈形象，正面为两个男性中年人各在一小圆花毡上跳舞，单腿屈膝点地，身体倾斜[39]，其中一人手持横笛；反面也刻一位男性中年人，立于一圆形花毡上。在太原唐墓出土的一件长沙窑瓷壶上，也有一男子跳舞的图像（图一二五）[40]。在其他长沙窑与饮酒有关的瓷器上，这种舞蹈图还有很多（图一二六），国内外博

① ②

图一二二 宁夏固原盐池唐墓墓门线刻胡人舞蹈图

图一二三 西安碑林博物馆半截碑上的胡人舞蹈图

图一二四 甘肃山丹县文物馆藏“胡腾舞”铜俑

物馆都有收藏[41]。这些人的形象，尤其是男性足踏花毡的舞蹈形象，完全符合跳“胡腾舞”的特征。但是仍有一点不清楚的问题是，在出土的长沙窑瓷器上的“胡腾舞”形象，有的手中持一长长的不知名的物件，不知这样的改变，是否是“胡腾舞”的变异。

问：以上列举的“胡腾舞”形象，与前面提到的唐诗相符合吗？是不是也有变异呢？

张：有变化的。以上列举的舞蹈者，与前引刘言史《王中丞宅夜观舞胡腾》和李端《胡腾儿》描写“胡腾舞”的两首唐诗相比，有同有异。相同之处是：

图一二五 太原唐墓出土的长沙窑瓷壶胡人舞蹈图案

图一二六 长沙窑唐代瓷器上的胡人舞蹈图案

一、这些舞者都系男子，而且都是疾速独舞。

二、这些舞蹈者中有许多与酒有关系。虞弘墓“胡腾舞”与酒的关系不再赘述。此外，还有一些，如西安安伽墓石床榻图像中，三幅“胡腾舞”图像中都画着酒壶；在日本 Miho 博物馆所藏北齐石床榻“胡腾舞”图像中，酒壶也占着醒目的位置；河南北齐范粹墓出土的扁酒壶、宁夏固原出土的北齐扁酒壶、故宫博物院所藏北朝黄釉扁酒壶、纽约大都会博物馆所展棕釉扁酒壶以及长沙窑许多瓷壶上，均见表现“胡腾舞”的图像。这些扁酒壶的用途就是盛酒，暗示了与“胡腾舞”的联系。至于前述山丹县藏跳“胡腾舞”的铜俑，手握来通，身背酒葫芦，直接点明酒与“胡腾舞”的关系。“胡腾舞”又称“醉胡腾”，实是名副其实。

不同之处是：

一、这些舞者有的脚下有毡，有的脚下无毡；有的脚下是圆毡，有的脚下是方毡；有的头戴小帽，有的未戴；有的身上有长帔，腰间有软带，有的身上无长帔，腰间无软带，服装整齐。

二、如果将以上所有"胡腾舞"图像与前引描写"胡腾舞"的两首唐诗一一对照，没有一个完全吻合，但每一幅图像上，又具体体现出诗中描写的一些特点。将所有"胡腾舞"图像所具有的特点聚集在一起，与唐诗比较，即可完全相符。

尽管存在这些不同，但从前述"胡腾舞"与"胡旋舞"的几方面区别看，我认为他们跳的也是"胡腾舞"，或与"胡腾舞"是同一性质的舞蹈。之所以有这些差异，恐与场合不同或民族不同有关。

问：您刚才说"胡腾舞"存在的一些差异可能与民族不同有关，那就是说"石国胡儿人少见"的石国不是"胡腾舞"的唯一来源地？

张：唐诗《王中丞宅夜观舞胡腾》首句就是"石国胡儿人见少"，"织成蕃帽虚顶尖，细氎胡衫双袖小"，证明了"石国胡儿" 与"胡腾舞"的关系。然而，考古资料中跳"胡腾舞"者帽子、服饰、圆毡、方毡诸方面的差别，反映出"胡腾舞"也不一定只出于石国，很可能在粟特地区的其他国家也有这种舞蹈，只不过石国的"胡腾舞"比较出色罢了。考古新资料源源不断地被发现，又证明了这个推断。在西安北周安伽墓石床榻、北周史君石堂图像中，都有"胡腾舞"形象。

墓主人都毫无疑问是粟特人，墓志记载得很清楚，一个是安国人，一个是史国人[42]，图文互相参证，不仅国籍和人物形象毫无疑问，而且证明了“胡腾舞”在粟特人中流行的广泛程度。不能忽视，虞弘墓石堂图像中也有“胡腾舞”，表明鱼国也流行这种舞。由此可见，除了唐诗中记载的石国外，很可能在整个粟特地区都流行“胡腾舞”。我们还发现，在安伽墓石床榻图像上，有突厥人观看“胡腾舞”的图像，但跳“胡腾舞”者不见突厥人。据文献记载，突厥人与“胡腾舞”也有一定的关系。

问：请再谈谈有关“胡腾舞”的服饰和乐队情况。

张：“胡腾舞”是一种节奏性很强又有乐器伴奏的男性独人舞，但是《宋史·乐志十七·教坊条》记载，“队舞之制，其名各十。小儿队凡七十二人：……四曰醉胡腾队，衣红锦襦，系银鞊鞢，戴毡帽”，依此分析，舞蹈者有专门服装，数量似乎可以超过一人。由于史书语焉不详，其人数难以确定，也许在长期演化中，会有一些变化。给“胡腾舞”伴奏的乐器可多可少，从出土资料看，有无乐器伴奏的，有两人伴奏的、四人伴奏的、六人伴奏的，甚至还有九人伴奏的。乐器也是多种多样，据图像资料，其中使用最多的是琵琶和横笛。

问：如果说“胡腾舞”是节奏性很强的男性独人舞，那我们开始时也提到了女子独舞，这应当怎么理解呢？

张：在中原出土的北朝考古图像资料中，只见男子独舞者，不见女子独舞者。女子独舞者多见于唐代，又多见于敦煌佛教石窟壁画这一特殊环境中，这样的事实和区别特别值得注意且耐人寻味。时代相距不远，而区别甚大，不像是一种舞蹈的源流关系。将诗文提供的两种舞的特点与考古资料相结合分析，将男子独舞者与"胡腾舞"联系起来，将女子独舞者与"胡旋舞"联系起来，看起来似乎更为合理，也更接近实际情况。奇怪的是，"胡腾舞"的图像出土很多，但是不见"胡旋舞"图像出土，或者说出土了，还不能识别，这是一项长期的工作，甚至需要几代人的努力，等待令人信服的资料出土。唐墓壁画中甚至有一男一女共舞的图像，这是什么舞，还有待进一步研究。

问："胡旋舞"和"胡腾舞"传入中国的时间是不是也有先后顺序呢？

张：两种舞的传入时间据资料看并不相同。将上述考古实物资料按时间顺序排队，可见是"胡腾舞"先传入中原的，具体时间可能是北魏，证据是前文所引平城遗址出土的石砚图案上已有类似"胡腾舞"的形象。胡旋女传入的时间，有学者根据比较令人信服的史料，研究出可能早到北周[43]，可见比"胡腾舞"传入时间略晚。《北史》和《北齐书》中记载当时有人善跳"胡舞"。如《北史·魏收传》："收既轻疾，好声乐，善胡舞。"《北史·祖珽传》记载，他被武成皇帝"擢拜中书侍郎，帝于后园使珽弹琵琶，和士开胡舞，各赏物百段"[44]。和士开、魏收等人跳的是何种胡舞，史书中没有更详细的记载。根据前述“胡腾舞”的特点，又据史书中所记和士开、魏收等人都为男子，用琵琶伴奏，所处时代又是“胡腾舞”图像出现最多的北齐，他们跳的胡舞极可能是粟特的“胡腾舞”。至于北周，“胡腾舞”的存在确凿无疑，西安北周安伽墓和史君墓就是最有力的铁证。

问：“胡腾舞”主要是供人欣赏呢还是自娱？

张：我将“胡腾舞”图像粗加分析，感到“胡腾舞”图像大致可以分为两类：

一类是表演为主的。如虞弘墓石堂后壁正中宴饮图中的舞蹈者，虽然很规范，有乐有舞，但这是为了表演，供别人欣赏。类似的其他宴饮场合的舞蹈图像，也都有这样的表演性质。

另一类是自娱为主的。最典型的如甘肃省山丹县文物馆收藏的正在跳“胡腾舞”的舞蹈铜俑，一个粟特人头戴尖顶帽，身背酒葫芦，单足立于一个象征圆毡的覆莲盆上，一边跳着“胡腾舞”，一边手握一只来通送向嘴边，身体东倒西歪，一幅酒后即兴起舞、自娱自乐的景象。相似的人物俑在纽约的个人收藏家手里也有，说明当时这种舞蹈的确有相当的广泛性。

问：就是说表演和自娱都有，而且还与酒有关，舞者多是“醉胡腾”形象，乐者是不是也要酒至半酣方尽兴呢？

张：乐者是否也要饮酒，没有可资考证的证据，按人情常理推析，存在多种可能，大概要因人而异。

问：还有个疑问，胡腾、胡腾，是不是只是胡人的舞蹈？汉人会跳"胡腾舞"吗？

张：这关系到文化的相互渗透性和渐进性问题。将北魏至唐代的相关考古资料排队分析，北朝所见"胡腾舞"的舞蹈者都是入华粟特人，如安伽墓、虞弘墓石葬具图像中的"胡腾舞"舞者均为粟特人。唐代起，"胡腾舞"逐渐传播到汉族中，如西安西郊陕棉十厂唐壁画墓中的舞蹈者和乐队成员全是汉族人形象。史书也有记载，如《北史》记载的魏收，就是一个汉人。另外就《宋史·乐志十七·教坊条》记载的儿童"醉胡腾队，衣红锦襦，系银鞊鞢，戴毡帽"，可能都是汉族人。这些事例说明，"胡腾舞"已经在汉族人中间广泛流传。

问：唐朝以后还有人跳"胡腾舞"吗？

张：五代时还流行"胡腾舞"。太原北汉墓壁画中即有"胡腾舞"图像。陕西五代冯晖墓甬道彩绘浮雕砖上[45]，竟有6个跳"胡腾舞"的形象（图一二七），脚下有毡。另在该墓的一块线刻砖图案上，也有这样一个跳"胡腾舞"者；在该墓西侧室中部，还出土了一个跳"胡腾舞"者的鎏金铜像。这些表演者多数是汉族人服饰，有的是汉族人相貌，有的深目高鼻多髯，可能不是汉族人。不论是与否，都可以证明，

图一二七　陕西冯晖墓甬道西壁舞蹈图

五代时，"胡腾舞"还在社会上流行。在唐以降的宋辽铜器、玉器图案中，也有男子独舞形象，还有儿童跳胡腾的图像[46]。值得注意的是，给"胡腾舞"伴奏者，以往都是男性，但在陕棉十厂唐墓壁画和冯晖墓彩绘浮雕砖画面中，给"胡腾舞"伴奏者，还有几个女性，这大概算是流传过程中的变化吧。

问：的确，任何事物都有发展演变的过程，那现在还能恢复"胡腾舞"吗？如果恢复，应该意义很大吧？

张：细观上述"胡腾舞"诸图像，表现的皆为舞蹈过程中某一瞬间的动作，或两手高举，或甩舒双臂，或弹腿跳跃，动作相近而不雷同。这些动作，当是"胡腾舞"中的典型动作，或可称之为代表性、标志性动作。通过这些零碎片断的动作，不知能否看出该舞的起、承、转、合，如果能看出一些迹象，无疑对恢复该舞有直接的意义。

另外，恢复此舞蹈有重大的意义。这是丝绸之路上的著名舞蹈，文化因素鲜明，是东西文化交流的重要内容，如果真能恢复，确实是文化研究上的一大贡献。况且"胡腾舞"很有节奏感，即使放到现代，也一定深受观众喜爱。不过，解决此难题，笔者已经力不从心，寄希望于舞蹈专家的研究或指教。

问：谢谢您对"胡腾舞"的精彩讲述，希望通过这次讲述，我们能够了解"胡腾舞"和"胡旋舞"，甚至能够复原曾经风靡北朝到大唐的"胡腾舞"，谢谢！

【注释】

[1] 罗丰．隋唐间中亚流传中国之胡旋舞 // 胡汉之间——“丝绸之路”与西北历史考古．北京：文物出版社，2004：280.
柴剑虹．胡旋舞散论 // 敦煌吐鲁番学论稿．杭州：浙江教育出版社，2000:288-297.

[2] 向达．唐代长安与西域文明．石家庄：河北教育出版社，2001:55-78.
石田干之助．胡旋舞小考 // 长安之春．创元社，昭和十六年四月。

[3] 全唐诗（第九册）·卷二八四·李端一．北京：中华书局，1960:3238.

[4] 全唐诗（第十四册）·卷四六八·刘言史．北京：中华书局，1960:5323.

[5] 全唐诗（第十二册）．卷四一九·元稹二十四．北京：中华书局，1960:4616.

[6] 旧唐书·卷二〇〇上·安禄山传．北京：中华书局，1975:5368.

[7] 旧唐书·卷二九·音乐二．北京：中华书局，1975:1071.

[8] 新唐书·卷二二一下·西域下．北京：中华书局，1975:6244-6247.

[9] 新唐书·卷二二一下·西域下．北京：中华书局，1975:6255.

[10] 通典·卷一四六·清乐．北京：中华书局，1988:763.

[11] 全唐诗（第十二册）·卷四一九·元稹二十四．北京：中华书局，1960:4618.

[12] 全唐诗（第十三册）·卷四二六·白居易三．北京：中华书局，1960:4962.

[13] 全唐诗（第六册）·卷一九九·岑参二．北京：中华书局，1960:2457.

[14] 〔唐〕段安节．乐府杂录 // 丛书集成初编（第 1659 册）．北京：中华书局，1959:19-20.

[15] 向达．唐代长安与西域文明．石家庄：河北教育出版社，2001: 66-67.

[16] 《宋史·乐十七·教坊条》：“队舞之制，其名各十。小儿队凡七十二人：一曰柘枝队，衣五色绣罗宽袍，戴胡帽，系银带。二曰剑器队，衣五色绣罗襦，裹交脚幞头，红罗绣抹额，带器仗。三曰婆罗门队，紫罗僧衣，绯挂子，执锡钚拄杖；四曰醉胡腾队，衣红锦襦，系银鞊鞢，戴毡帽。五曰诨臣万岁乐队，衣紫绯绿罗宽衫，诨裹簇

花幞头。六曰儿童感圣乐队,衣青罗生色衫,系勒帛,总两角。七曰玉兔浑脱队,四色绣罗襦,系银带,冠玉兔冠。八曰……"

[17] 河南省文物研究所.密县打虎亭汉墓.北京:文物出版社,1993:237.

[18] 此砚现藏山西博物院,20世纪60年代末出土于大同市城南轴承厂北魏遗址。"文化大革命"出土文物.北京:文物出版社,1972:163.

[19] 河南省博物馆.河南安阳北齐范粹墓发掘简报.文物,1972(1).

[20] 冯双白.图说中国舞蹈史.杭州:浙江教育出版社,2001:85.

[21] 此图与有关文章已经发表,但我记不清所载刊物及具体时间,只得请故宫博物院的施安昌先生帮我寻找到此图,特致谢意。另外,我只看到此瓶一面的图像,另一面的图像是否与胡腾舞有关,不得而知,出土地点也不详,甚为遗憾,以后有机会再补充。

[22] 宫德杰.临朐县博物馆收藏的一批北朝造像.文物,2002(9).

[23] 中华世纪坛艺术馆,青州市博物馆.青州北朝佛教造像.北京:北京出版社,2002:152-153.

[24] 陕西省考古研究所.陕西发现的北周安伽墓.文物,2001(1).

[25] 西安市文物保护考古所.西安北周凉州萨保史君墓发掘简报.文物,2005(3).

[26] J.J.Lally & Co.Oriental Art"Chinese Archaic Bronzes, Sculpture And Works of Art,New York,1992.
Miho 博物馆南馆图录.日本写真印刷株式会社,1997.

[27] 姜伯勤.安阳北齐石棺床画像石的图像考察与入华粟特人的祆教美术.艺术史研究(第1辑).广州:中山大学出版社,1999:173.

[28] 德凯琳(Catherine Delacour),黎北岚(Pénélope Riboud).巴黎吉美博物馆展围屏石榻上刻绘的宴饮和宗教题材//张庆捷,李书吉,李钢.4~6世纪的北中国与欧亚大陆.北京:科学出版社,2006:108-127.

[29] 张鸿修.中国唐墓壁画集.广州:岭南美术出版社,1995:187-189.

[30] 林良一.シルヶロㄧ゛ト.时事通讯社,昭和六十三年。

[31] 刘云辉.北周隋唐京畿玉器.重庆:重庆出版社,2000:77-78.

[32] 齐东方,申秦雁.花舞大唐春——何家村遗宝精粹.北京:文物出版社,2003.

[33] 陕西省考古研究所.西安西郊陕棉十厂唐壁画墓清理简报.北京:考古与文物,2002(1).

[34] 刘云辉.北周隋唐京畿玉器.重庆:重庆出版社,2000:61-62.

[35] 冯双白.图说中国舞蹈史.杭州:浙江教育出版社,2001:83,110.

[36] 王仁波.汉唐丝绸之路文物精华.陕西省博物馆,1990.

[37] 该碑侧面拓片 2006 年 6 月正在陕西省博物馆展出。

[38] 此舞俑现藏于甘肃省山丹县文物馆,乃国际友人艾黎所赠。

[39] 长沙市文物考古研究所.湖南望城县长沙窑 1999 年发掘简报.考古,2003(5).

[40] 资料待发。

[41] 长沙窑课题组.长沙窑.北京:紫禁城出版社,1996:图版六〇.
李效伟.长沙窑.长沙:湖南美术出版社,2003:图 73.

[42] 陕西省考古研究所.西安北周安伽墓.北京:文物出版社,2003:61-62.

[43] 罗丰.隋唐间中亚流传中国之胡旋舞//胡汉之间——“丝绸之路”与西北历史考古.北京:文物出版社,2004:285.
柴剑虹.胡旋舞散论//敦煌吐鲁番学论稿.杭州:浙江教育出版社,2000:288-297.

[44] 北史·卷五六·魏收传.北京:中华书局,1974:2038.
北史·卷四七·祖珽传.北京:中华书局,1974:1739.
又见《北齐书·魏收传》《北齐书·祖珽传》。

[45] 咸阳市文物考古研究所.五代冯晖墓.重庆出版社,2001.

[46] Son of Heaven Imperial Arts of China, Royal Ontario Museum Tth T.T, TSUI Galleries of Chinese Art,1996: 图 76.

丝绸之路与中古胡商遗物访谈

问：您好！请问北朝、隋唐时期，外来商人很多，虞弘是从丝绸之路来的粟特人，请问他与外商有没有关系呢？

张：虞弘墓志记载，虞弘晚年一度“检校萨保府”，萨宝府职责之一便是管理外商在华事宜，所以能够肯定，虞弘与外商有着密切关系。另外，前几年相继出土的安伽墓、史君墓画像中，都有不少胡商形象，我关注粟特商人遗存，就是由此开始的。众所周知，胡商是一个非常重要的课题，粟特商人大量入华，对中国社会的影响很重要，不单是东西贸易，更重要的是附带的东西文化交流。如果通过解读胡商俑和胡商图择取凝积在其中的胡商信息，显然有助于对丝绸之路的深入研究。

问：外商在古代是怎么称呼的？

张：北朝时期，外商在史书中一般被称为“商胡”“胡商”“商客”

或者“贾胡”“胡贾”，两词前后排列有异，含义却相同，都是泛指入华粟特商人。这种记载始于汉代，随着张骞出使西域，丝绸之路进一步开通，西域商人逐渐进入中原，这种称呼就产生并流行起来。

《后汉书》卷八八《西域传》记载:“驰命走驿，不绝于时月；商胡贩客，日款于塞下。”这里提到的“商胡贩客”，也是指来自丝路的外商。

问：古代入华胡商中，以哪国或哪个地区的人最多？

张：北朝政权是以鲜卑拓跋部为主的鲜卑、汉族联合统治集团，其中不乏粟特人，因此对胡商的政策远比两汉魏晋开放，导致许多胡商深入内地展开民间贸易，人数也是越来越多。入华胡商中比例最高者，应该是来自粟特地区的商人。

《北史》卷九七《西域传》：“粟特国，在葱岭之西，故之奄蔡，一名温那沙。居于大泽，在康居西北，去代一万六千里。……其国商人先多诣凉土贩货，及魏克姑臧，悉见虏。”

《旧唐书·康国传》云：（康国）“人多嗜酒，好歌舞于道路，生子必以石蜜内口中，明胶置掌内，欲其成长口常甘言，掌持钱如胶之粘物。俗习胡书，善商贾，争分铢之利。男子年二十，即远之傍国，来适中夏，利之所在，无所不到。”

粟特是一个国家，但是现在的研究者往往把“昭武九姓”的人都称为“粟特人”，这个地区也包括康国、安国、石国、史国、曹国、何国等在内，康国最有代表性。粟特人崇尚经商，也以善于经商闻名于世，确是“利之所在，无所不到”，是世界历史上著名的商业民族。

问：为什么北朝时期会有大量胡商来到中原？

张：胡商入华的缘起，是丝绸之路的开通和中外社会的需求及巨额商业利润的刺激。胡商入华，由来已久，商周至东汉都有，特别是魏晋之后，随着鲜卑拓跋部统一北方，采取开放政策，波斯、粟特等地的商人不远万里来到中国，展开贸易活动。今山西、陕西、河南、河北、山东、甘肃、青海、宁夏、内蒙古、辽宁、新疆等省或自治区，都在北魏到隋唐的遗址和墓葬中，或多或少发现过波斯银币、胡人俑、骆驼俑、文书等有关胡商的实物资料。

问：一般来说，怎么识别胡商俑呢？能不能举几个例子？

张：考古出土资料中，虽然胡人俑很多，但是如何识别胡商俑，却是一个复杂又棘手的问题。胡商俑与伎乐俑不同，没有显著的行业特征，因此，目前经考古工作者及有关专家推测、识别的胡商俑屈指可数，现在可以列举几个。

首先，是在新疆库车出土，现藏于俄罗斯圣彼得堡艾尔米塔什博物馆的一件胡商俑。该俑头戴尖顶帽，头大脸圆，深目高鼻，胡须较密，

图一二八 新疆库车出土的胡商俑

身穿大翻领窄袖长袍，袍上彩绘方格纹和三角纹，足蹬长靴，一臂残，一臂按在胯上（图一二八）[1]。有关专家认为这是一件胡商俑，时代是6—7世纪。

第二，是出土于河南洛阳唐代墓葬中的胡商陶俑。该俑头戴尖帽，年岁较大，深目高鼻，浓密的大胡须，身着长袍，足穿厚毡靴，弯着腰，背着一个大口袋，左手提着一把水壶，双腿一前一后，一副正风尘仆仆行走在旅程中的模样（图一二九）[2]。大多数人认为，这也是一件胡商俑，代表了一些小商人。与此形象基本相同的胡商俑，在日本天理参考馆也收藏着两个，均头戴尖帽，手提水壶，肩负口袋，长途跋涉（图一三〇）[3]。大英博物馆也收藏着几个这样的胡人俑，现在我们还不知道这些俑是不是一个地方生产的（图一三一）。

第三，陕西礼泉县唐代墓葬出土的三彩骑驼胡俑，通高69.5厘米。该骆驼体高头昂，驼背上骑一胡人，深目高鼻，头戴胡帽，身着胡服长袍，袒右臂，腰

图一二九　洛阳北魏墓出土的胡商俑

图一三〇　日本天理参考馆藏唐代胡商俑

图一三一 大英博物馆藏胡商俑

束带，足穿尖头靴，有学者认为是往来在丝绸之路上的商人。该俑现藏于礼泉县昭陵博物馆（图一三二）[4]。同类造型的胡人骑驼俑，也见于唐金乡县主墓（图一三三）[5]。

第四，山西长治唐代王深墓出土的三彩骑驼俑，通高89.7厘米。骑者深目高鼻，眉须浓密，头戴尖顶帽，上身穿翻领皮毛褊衣，腰间束带，系一小囊，下穿紧腿裤，足蹬长鞠靴，坐在横搭于驼背之大行囊上。骆驼形体高大，昂首，立于方板上（图一三四）[6]。此俑形象写实，生动地表现了一个西域胡商的形象。

图一三二 陕西礼泉县唐墓出土的三彩骑驼胡俑

图一三三 西安唐金乡县主墓出土的三彩骑驼胡俑

诸如此类的胡商俑还能通过类比的方法找出一些，但在所有胡人俑中，能确定胡商身份或直接表明是胡商俑的比例仍然微乎其微。从北魏到隋唐的遗址、墓葬中，常见的主要是间接表明或象征胡商的胡人俑，具体表现为骑驼胡俑、牵驼胡俑、牵马胡俑、牵驴胡俑与载物陶驼、载物陶马以及载物陶驴的组合。这种以胡俑和负囊陶驼、负囊驼马为代表的组合，其原型都不是中原的产物，一望而知是来自西域，体现和代表着由丝绸之路入华的胡商及其交易活动。我认为，从这种意义上讲，完全可以把他们整体上归类于胡商俑，视为用行为特征来表示自身性质的胡商。

问：您刚才说从北魏到隋唐的墓葬中都有胡商俑，是否北魏才开始有胡商俑？它们有共同的特征吗？

张：应该说汉代之前已有胡商进入中原，从北魏开始，胡商数量骤增。胡人俑与载货陶驼的组合，在北魏平城遗址屡有发现。如在北魏司马金龙墓出土的众多随葬品中，就有胡人俑与载物陶骆驼。胡人俑具有平城北魏胡俑的共同特征，身体强壮，脸庞较圆，大腹便便，身着窄袖长袍。骆驼高大雄壮，背上似负有布囊（图一三五）。这样的组合出现在墓中，正反映了平城胡商云集的历史。无独有偶，在2000年发掘的大同雁北师院北魏墓葬群中，仍然有性质相同的组合（图一三六），除大腹便便的胡人俑、陶质立式骆驼和卧式骆驼外，还有圆形、方形两种陶毡帐模型[7]，使我们对远渡大漠而来的胡商的生活用具有了进一步的了解。在今内蒙古自治区北魏墓葬中也发现这

图一三四 山西长治唐代王深墓出土的三彩骑驼俑

图一三五 大同北魏司马金龙墓出土的陶驼与胡俑

种牵驼俑的组合，单从牵驼俑和骆驼的造型观察，年代似乎更早（图一三七）[8]。

北魏迁都洛阳后，诸国胡商尾随政府和权贵移驻洛阳，《洛阳伽蓝记》卷三记载："自葱岭已西，至于大秦，百国千城，莫不欢附。商胡贩客，日奔塞下。所谓尽天地之区已。乐中国土风因而宅者，不可胜数。"[9]在洛阳及其附近的北魏墓葬中，出土了许多胡人俑与陶驼、陶马和陶驴的组合，如洛阳北魏元邵墓[10]、元乂墓[11]、元睿墓[12]、侯掌墓[13]、洛阳纱厂北魏墓[14]、河南偃师北魏墓群[15]等，均出土了这种象征胡商的组合随葬品。

图一三六　大同雁北师院北魏墓葬出土的陶驼

图一三七　内蒙古大学北魏墓出土的牵驼俑与陶驼

问：洛阳时期的胡商俑组合与平城时期的有什么差异？

张：洛阳的胡商俑组合与平城的相比，的确发生了一些细微的变化。一是立驼模型在延续平城时代造型的基础上，载物的骆驼模型越来越多，如洛阳纱厂北魏墓葬出土的立驼，背上负有两筐（图一三八），还在骆驼上增加了许多彩绘。二是迁洛后出现半卧载货骆驼新造型，如偃师北魏墓出土的载货卧骆驼，前腿保持卧状，后腿立直，准备撑起身体，形象非常生动。三是牵驼胡人俑发生变化，改变了肥胖之态，有了较瘦的体型、新的发式与服饰。除今河南省外，在河北省景县高长命墓、高雅墓、高潭墓[16]，曲阳北魏墓中[17]，也出现类似的组合俑，数量有较大的增加。

问：东魏、西魏以及北周、北齐是否都有胡商俑的延续？能说说它们各自的特征吗？

张：是的，东魏、北齐、西魏、北周的一些墓葬中也都出土了一些胡商俑。东魏的胡商组合俑发现得不多，主要是因为东魏时间短，墓葬遗存少。迄今发现的几座东魏墓，多数分布在今河北省，有茹茹公主墓（图一三九）[18]、吴桥北朝墓[19]、赞皇东魏李希宗墓[20]、磁县陈村墓等[21]。幸运的是，这几座墓中，都有象征胡商的组合俑，北魏后期已出现的立驼与卧驼两种载物骆驼依然存在，而且造型更加逼真生动，驮架上的货物更加丰富。稍加留意即可看出，这几座墓的牵驼俑造型惊人的相似，不论种族、身材，还是发型、衣饰，均十分

图一三八
洛阳纱厂北魏墓出土的立驼

图一三九
东魏茹茹公主墓出土的载货卧骆驼

相近，似乎是出于同一个工场或作坊。同时也间接地反映出，很可能此类胡商在入华胡商中占有较大比例，所以艺术家或工匠把他们作为胡商代表而造成明器，组成墓主随葬器物的重要部分。

北齐是一个特殊的时代，虽然存在时间短暂，连头带尾总共28年，但是这个王朝却留下了丰富的文化遗存，有遗址，有墓葬，有石窟。墓葬豪奢，随葬品种类多，时代艺术特征突出，尤其有大量珍贵、精湛的墓葬壁画以及各种随葬俑。仅就胡商而言，便有许多实物资料。北齐达官贵人的墓葬多见胡商组合俑，既有继承，也有发展，形式更加多样化，如河北湾漳大墓（图一四〇）[22]，太原张肃俗墓（图一四一）[23]、娄睿墓（图一四二）[24]、贺娄悦墓[25]，安阳范粹墓[26]，磁县高润墓[27]、元良墓[28]，济南市东八里洼壁画墓[29]，都出土了形

图一四〇
河北湾漳北齐大墓出土的载货卧骆驼

形色色的牵驼俑与载货骆驼、马匹、毛驴等。在太原北齐韩祖念墓中，还首次出土了骑驼俑（图一四三）[30]。这些随葬俑反映出入华胡商来自四面八方，辐辏中原，东西方物贸交流兴盛的情景。另外，在北齐的一些墓葬壁画中，也有许多胡商形象、具体货物和商贸活动的画面。

西魏、北周也是胡商频繁出入的朝代，文献中不乏记载，但是在墓葬中出土的胡商组合俑却不多，造型也逊于北齐，仅是写实的作品，艺术表现力较弱。如西安北周宇文俭墓出土的陶骆驼，双峰间驮一袋，全身施红彩[31]。另外，陕西省考古所在咸阳和长安发掘的 14 座北周墓葬，虽有胡俑与载货驼马的组合，然而形状比较呆板[32]。北周墓葬中胡商信息最丰富者，当属西安出土的北周安伽墓和史君墓，两墓石葬具雕绘图像中皆有商队图案，是极重要的研究资料。

图一四一 太原北齐张肃俗墓出土的载货骆驼

图一四二 太原北齐娄睿墓出土的载货卧骆驼

图一四三 太原北齐韩祖念墓出土的载人载货骆驼

问：隋代胡商俑是什么样式？

张：隋朝是历史长河中一个特殊而又短暂的时代，墓葬中也出土了不少胡商组合俑，如安阳隋墓出土胡俑与陶骆驼各9件。胡俑形状相同，头顶似用巾束发，高鼻深目，身穿窄袖衣，右袒，左肩斜背行囊，左手弯举于胸前，右手弯贴于腹侧，似为牛、马、驼夫。陶骆驼形制相同，皆昂首立于长方形托板上，双峰间施以垫毯，并驮有两袋货物。有的在颈、双峰及四肢涂红彩，余涂黄彩，眉、眼、颈毛及载货驮袋均用墨勾勒[33]。

太原隋代斛律彻墓出土了2件骑骆驼胡商组合俑，形象基本相似。

骆驼高45.5厘米，昂首站立，双峰间驮有丝绢、皮囊等物，囊端饰虎头图案。皮囊上均坐一人，浓眉，深目，高鼻，头戴圆毡帽。其中一人手中抓着一个饼子，正在边走边吃，反映了胡商行途中的艰辛（图一四四、一四五）。这两组俑中，人物与骆驼的比例很夸张，造型新颖生动，惟妙惟肖[34]，艺术特色鲜明，标志着胡商组合俑由写实逐步向艺术表现的更高层次发展，为大唐胡商俑的多样形式奠定了基础。

图一四四 太原斛律彻墓出土的载人载货骆驼之一

图一四五 太原斛律彻墓出土的载人载货骆驼之二

问：唐代的胡商俑是否更多？

张：唐朝继承了前朝的开放政策，经过“贞观之治”，政局稳定，经济欣欣向荣，成为当时世界的文明中心与商贸中心。各国商人成群结队，携带货物，由陆路、水路蜂拥而来，遍布大江南北，构成唐朝经济不可或缺的重要组成部分。反映人间情景的墓葬胡商组合俑，受当时社会需求和心理影响，也达到了空前兴盛的程度。在陕西省西安西郊中堡村唐墓[35]、西安东郊韩森寨唐墓[36]、西安西郊陕棉十厂唐壁画墓[37]、西安东郊红旗电机厂唐墓[38]、西安郊区隋唐墓[39]、西安唐金乡县主墓[40]、陕西昭陵长乐公主墓[41]、陕西礼泉唐郑仁泰墓[42]和唐章怀太子墓[43]，河南洛阳龙门唐代安菩墓[44]、洛阳孟津西山头唐墓[45]、洛阳关林唐墓[46]、偃师唐墓[47]、巩义市孝西村唐墓[48]、巩义市芝田唐墓[49]、扶沟县唐赵洪达墓[50]，河北省安国市梨园唐墓[51]、河北清河丘家那唐墓[52]、河北平山县西岳村隋唐崔氏墓[53]，山西太原市郊唐墓[54]以及山西长治北石槽唐墓[55]、唐王休泰墓[56]、唐王深墓[57]、唐崔拏墓[58]、唐冯廓墓[59]、唐范澄夫妇墓[60]，辽宁朝阳市黄河路唐墓[61]、辽宁朝阳唐墓[62]，甘肃秦安县唐墓等[63]，均出土了不同形式的胡商组合俑。具体表现在如下几个方面：

一是唐朝的胡商组合俑形式、种类繁多，除传统的粟特、波斯、阿拉伯、吐火罗等民族或地区的商人形象外，还出现了许多难以辨认族属的胡商组合俑，令人目不暇接，反映出入华商人的族属、国别大量增加。

二是随着唐三彩这一特殊工艺的出现，在传统陶制胡商、驼马组合的基础上，又出现大量唐三彩的胡商组合俑，使这种组合向多彩多姿的艺术化方向发展。武威青咀喇嘛湾唐代吐谷浑王族墓葬中，还有木制的胡俑与骆驼[64]。

三是胡商的表现形式更加多样化，上承北齐、北周之风，除胡俑外，还在墓葬壁画、石窟壁画、画像砖上展示了胡商的形象。

四是分布范围空前广大。随着统一政权的建立，这种胡商组合俑也从北方拓展到南方。如江苏徐州、扬州（图一四六）、铜山以及湖北、湖南、安徽、浙江等地的隋唐墓随葬品中，都发现了与北方类似的胡俑与载物陶骆驼[65]。

图一四六
扬州唐墓出土的载货骆驼

问：能否举例说明大唐胡商俑的特色？

张：唐朝最典型的是各种各样由骑载货驼俑象征的胡商组合俑。如洛阳关林 59 号唐墓出土的 2 件骑驼俑，其中一件驼身白色，背上置蓝绿色毯子，峰间置一大型兽面驮囊，下垫夹板，夹板外分别系有猪、鱼、圆口小瓶和凤头壶。驮囊前后有绿色丝卷和白色绢卷，上坐一人。通高 38 厘米，长 31 厘米（图一四七）[66]。

令人惊奇的是，在唐代各地的陶制骆驼中，今山西长治地区出土的灰陶加彩的胡商和陶驼组合颇有特色，造型夸张怪异，变化多端，与其他地区出土的迥然有别，多为艺术精品，在全国独具一格，表明

图一四七 洛阳关林唐墓出土的载人载货骆驼

这个地区有非常熟悉胡商与骆驼的艺术家。如长治唐代王深墓出土的加彩陶驼，赭黄色骆驼背上有垫，上坐一胡人，深目高鼻，八字胡，头戴黑色尖顶卷沿帽，穿赭黄色窄袖长衣、高统乌靴，怀抱一猴，驼背上挂着扁壶等。通高 65 厘米（图一四八）[67]。

长治唐王休泰墓有一件骑驼俑，黄紫色驼，上垫毡毯，鞍两侧悬挂着头向下的禽畜之类，并驮有生活用具等物。驼背上坐着一个长须胡人，头戴尖顶毡帽，穿白色翻领外衣，赭色裤，着尖头高筒乌靴，左腿盘于驼鞍，腿上蹲卧一小兽（似猴）。通高 38 厘米[68]。

图一四八 山西长治唐代王深墓出土的三彩骑驼俑

长治王惠墓出土一件载人载货彩陶骆驼，驼背上满载货囊，一男子坐在上面，西域人装束。为突出他的外国人形象，还夸张地把鼻子做得很大，非常生动（图一四九）[69]。山西黎城唐墓，也有一件骑驼俑，驼峰上佩皮鞍，上坐一人，深目高鼻，头发较短，在脑后扎一小辫，身着胡服。通高80余厘米。驼前原还有一件牵驼胡俑（图一五〇）[70]。长治的陶驼精品还有不少流失国外，被国外博物馆收藏。

辽宁朝阳市黄河路唐墓也出土了骑驼俑，骆驼驮架间置一袋，后有生丝、织物[71]。

西安出土的胡商俑和陶骆驼组合中规中矩，暗合法度。如西安东郊红旗电机厂唐墓出土的2件骑驼俑。一件驼高73厘米，长60厘米，作站立状，前后均残一腿，一女子侧身盘足骑于驼背，右手搭在前驼峰上，头枕右臂，作睡态。女子身着圆领右衽长袍，下着裤，足穿长筒靴，头发左右分梳，发辫自两侧遮耳下垂。另一件高54厘米、长60厘米，驼作跪卧状，驼背上骑一胡人男子，深目高鼻，戴尖顶帽，着圆领长袍，下着裤，足蹬长筒靴。一手握拳高举，拳中有孔，呈执鞭姿势；一手握拳下垂，作执缰状。同墓出土的还有牵驼胡俑，短发，胡服，身体肥胖[72]。

西安、洛阳唐墓出土的三彩载货骆驼，上边还有水瓶、丝束、丝绸、大雁、猴子、鱼等。除骑驼俑外，牵驼胡俑与载货骆驼的组合在唐墓中也普遍存在，如礼泉郑仁泰墓出土的三彩牵驼胡俑与载货骆驼

图一四九
山西长治王惠墓出土的载人载货骆驼

图一五〇
山西黎城唐墓出土的载人陶驼

的组合，便是这种组合的代表（图一五一）[73]。在墓葬中，还有一些不见牵驼胡俑的载货陶骆驼，与其他随葬品在一起。

问：这些单独的载货陶骆驼也算是胡商的象征物吗？

张：从象征意义讲，这些单独存在的载货陶骆驼，也是胡商及其行为的具体表现。虽然这些胡商俑与陶骆驼仅具象征性，并非完全写实的作品，如某些骑驼俑与骆驼的比例不协调，但是它们所反映的社会上胡商活跃的情况却是真实的，是活人依照人世情形为死者构想冥世情况的表现。因此，可以利用这些随葬品携带的信息研究当时社会上的胡商活动。

图一五一 陕西礼泉唐郑仁泰墓出土的牵驼俑和载货骆驼

问：墓葬出土的胡商俑与墓主的社会地位有无关系？

张：这需要对出土胡商俑及陶驼组合的墓葬从墓葬形制与墓主身份两方面考察。从墓葬形制看，出土胡商陶驼组合俑的墓葬有砖室墓与土洞墓两种，很难单凭砖室墓与土洞墓来区别贵贱，有的公主墓也是土洞墓，但随葬品同样很多。从出土胡商陶驼组合俑的墓主身份看，据墓志和随葬品，墓主绝大部分是官僚，少数是富人，在随葬品贫乏的小墓中，未见胡商陶驼组合俑，反映出胡商对富贵阶层的重要性远远大于对贫民阶层的重要性，也间接反映出，胡商贩运来的货物，销售对象主要是富贵阶层。这种情况从胡商陶驼组合俑在京城与重要城市地区出土多、在边远地区出土少方面也可得到佐证。

唐代开元时对官僚的随葬品作过规定，内容很多，其中的一项是随葬的陶俑、驼、马均不得高逾一尺[74]。朝廷对随葬俑及陶骆驼、陶马进行限制，已充分显示了当时随葬陶驼的普遍性。虽然规定陶俑、驼、马不得高逾一尺，但事实上并非如此。由上面列举的出土陶骆驼看，多在一尺甚至二尺以上，可见逾制现象广泛存在，规定有名无实。此外，出土陶驼只有少数是骑乘的，多数是载货的。这种现象，表面上反映了官僚对随葬陶骆驼的喜好，实质上则反映了上层社会对胡商的依赖。

问：除了胡商俑，还有什么考古资料能为探讨胡商提供有效信息？

张：从北魏到隋唐，胡商图的数量也很多。依考古发现的种类划分，有墓葬壁画、墓葬雕绘两类。墓葬雕绘又可分为石雕与砖雕两类。除墓葬壁画外，石窟寺壁画及其他绘画作品中也有这方面的内容。从墓主族属分，又可分为胡人墓与汉人墓两类。特别是近年发现的古代粟特人墓葬石棺床图案上，也有胡商图像。这些图像，都为探讨胡商提供了诸多信息。

问：北朝有与胡商直接相关的墓葬壁画内容吗？

张：有的。在北魏、东魏、西魏、北齐、北周墓葬中，已发现多幅与胡商有关的壁画内容，现举例说明。如太原娄睿墓墓道两壁上层壁画中，各有一幅载物驼队图。为首一人，头顶部光秃，鼻肥硕高耸，浓眉环眼，似大食人形象，右手背于身后，牵着驼缰。驼首高昂，大步缓行。右后一驼，驮着一个大囊包。两驼间，一人高大修长，戴高筒毡帽，高鼻短须，浓眉深眼，似为波斯人。所牵驼冲天长啸，驮大花软包与垂橐。后一驼引颈扭头面向画外，驮大软包、虎皮垂橐及丝绸，大步紧跟。两驼右侧还有二人二驼，相随前进[75]。

山东益都石棺床上的“商旅驼运图”和“商谈图”，则是明显的两幅丝路商旅图。前一幅图的画面上部有两只朱雀向左侧展翅飞翔，中央为一仆人牵引一匹骆驼和供主人骑坐的骏马，向右行进。仆人深目高鼻，短发，上穿翻领衫，腰系革带，右佩香囊，左挂短剑，下着紧腿裤，脚穿软底尖头皮鞋。骆驼为单峰，背上有兽面纹的鞍具，驼峰两侧为成卷的织物，织物外悬挂着考究的水囊（图一五二）。后一幅图的画面中央是主人、商人和仆人。主人是汉人汉服，坐于一束腰凳上，面对着商人。商人深目钩鼻，头发卷曲，身着翻领长衫，下穿紧腿裤，脚蹬尖头软底皮鞋，面相肥胖，手捧一物，面露殷勤献媚之色。其后仆人手捧一盘，盘中有物。此图是一幅难得的贸易商谈画面[76]。

图一五二 山东益都石葬具『商旅驼运图』

问：北朝入华粟特人很多，在他们的墓葬中，是否发现胡商的图像呢？

张：入华粟特人墓葬中也有胡商图，如出土于黄河流域，后流落日本 Miho 博物馆的一组描写北齐粟特人生活情景的石床榻图案上，就有胡商驱赶骆驼的内容（图一五三）。画面是一队骑马的突厥人正在行进，内侧有人赶着强壮的骆驼，骆驼载着一个硕大的圆筒形货架，用绳索紧紧地绑在骆驼背上[77]。此外，安伽墓和史君墓是近年在虞弘墓之后新发现的北周粟特人墓葬，两墓墓主人都与萨宝有关，葬具壁上都雕绘着外来商人的形象，很有代表性。如安伽墓石床榻正面屏风图案第5幅野宴商旅图中，粟特商人与一个突厥人坐在一顶毡帐中交谈，外面是一个驼队在等待，反映出粟特商人途经突厥人领地时，拜访突厥首领的场面（图一五四）[78]。

图一五三　日本Miho博物馆藏北齐石床榻胡商图

图一五四　安伽墓石床榻屏风浮雕

史君墓石堂西壁、北壁和东壁图像中，各有骆驼组成的商队，有的骆驼驮负着肥大的囊袋，正在结队行走，有的是骆驼卧地休息。如在西壁第三块画面下部是一个由马、骆驼和驴组成的商队。在商队最前方，是两个骑马男子，其中一位腰悬箭囊，后面是两头驮载货物的骆驼。在骆驼右上方，还有两匹马和一头驴驮载着货物并行。另外，北壁第一块画面，也反映了商队休息的情形。该画面上部是一帐篷，门帘卷起，帐内盘腿坐一戴冠男子，右手托一酒碗，帐外门口处毡上跪坐一身着翻领窄袖长袍、头戴高顶毡帽的长者，右手握酒杯，正在与帐内饮酒者对饮欢言。旁边有三位侍者。帐篷下方为一个商队，有四个男子和两头载货骆驼、一头载货的驴。观此画面，似是一个商队途经某处，拜会当地部族首领。又如东壁第一块画面，上部为一群神

图一五五 史君墓石堂浮雕

西壁　东壁　北壁

及其崇拜者，下部有一座桥，上有三只羊和两头骆驼，骆驼背上驮着高高的货物，正在通过，也与商队有关（图一五五）[79]。由此三幅图，也可窥视当时商队的规模。

问：敦煌壁画是个大宝库，有没有关于胡商的壁画内容？

张：敦煌石窟壁画中也有关丁胡商的内容。如北周296窟的“福田经变图”[80]、隋代420窟的“商人遇盗图”[81]和敦煌45窟的“商人遇盗图”[82]，都有胡商内容。420窟的“商人遇盗图”，画面是一群载货驴驼组成的商队整装待发，商主在祈祷，一人在为病驼灌药。在行程中，遭遇强盗，一骆驼坠崖而死，货物被抢。官兵及时赶到，抓住强盗，夺回货物，交还商人。描绘了官兵保护丝绸之路来往贸易的情形。敦煌45窟是盛唐时代的洞窟，壁画中也有一幅“商人遇盗图”[83]。画面是一群高鼻深目、卷须浓髯、头戴高顶毡帽、身着贯头长衫的胡商和一队满驮着货物的毛驴，在山谷中被一伙持刀强盗拦劫，卸下几驮货物。商人们惊恐万分，双手合十，请求观音援救（图一五六）。画面正中，有很大的一块题记，其文为：“若三千大千国土，满中怨贼，有一商主将诸商人赍持重宝经过险路，其中一人做事唱言：诸善男子，勿得恐怖，汝等应当一心称观世音菩萨名号，说菩萨能以无畏施于众生，汝等若称名者，于此怨贼当得解脱。众商人闻，俱发声言：南无观世音菩萨，称（其名故）即得解脱。”商人遇盗之事，在丝绸之路上时有发生，如唐玄奘出西域，就遇到过此种事情[84]。

图一五六 敦煌唐代45窟《商人遇盗图》

敦煌103窟盛唐壁画南壁西侧的《法华经变化城喻品》中，有几幅商贾牵着背负货物巨囊的载货大象图[85]，旁边还有骑马或骑驴的人，可见在丝绸之路上，有的商人还用大象运输货物。

新疆柏孜克里克33号石窟曾出土过一幅胡商壁画，画面前是一只驮着货物的卧驼，侧后是一只驮着货物的毛驴，在内侧，是一个头戴飘带帽、胡须浓密的胡商，双手端一盘，内盛食物[86]。

问：唐代墓葬有关胡商的壁画多吗？具体内容有什么？

张：北方唐代墓葬壁画常见胡商牵驼图。1958年，配合基本建设，山西的考古工作者曾在金胜村发掘了一批唐代壁画墓，在四号墓壁画中就有牵驼、马的内容[87]。20世纪80年代发掘的太原金胜村唐墓，壁画中也有类似内容。画面绘一短发深目的胡商，手执一鞭，牵着一匹马和一头载着货物的骆驼。骆驼的驮架旁，还挂着一个水瓶（图一五七）[88]。西安唐李凤墓壁画也绘一胡商，长袍红靴，腰侧系一锦囊，手牵一头载货的骆驼（图一五八）[89]。陕西泾阳唐代张仲晖墓除出土

图一五七 太原金胜村唐墓胡商牵驼壁画

图一五八 西安唐李凤墓胡商牵驼壁画

有深目、高鼻、浓须的胡俑和骆驼外，在壁画中还绘有三种胡商骆驼图[90]。其一是奔驼图，绘于斜坡墓道西壁石门之前。骆驼的头尾和左后腿的颜色已经剥落。骆驼背负货物，奋蹄疾行。骆驼通身用橘黄绘画，黑色勾边。其二是行驼图，绘于斜坡墓道东壁，整体为行走姿态。赶驼人上身着掩襟式皮毛褂，下身穿紧腿裤，脚蹬皮质尖头靴。其三是卧驼图，绘于斜坡墓道东壁石门之前。骆驼呈卧姿，昂首嘶鸣。牵驼的是一个少数民族形象，头部残。在唐金乡县主墓中，墓道东壁的壁画中，也有一幅类似的牵驼图[91]。

敦煌佛爷庙湾6座唐代模印砖墓的甬道与墓室四壁镶嵌着212块模印砖，其中胡商骆驼图有16块[92]。图案分两种，第一种砖9块，图案为胡商骆驼，驼囊长方形，上趴一猴。如标本M123（西壁上），胡商头戴尖顶高帽，隆额高鼻，八字形上髭，尖下颏，身穿及膝袍衫，左手牵驼缰，右手握杖，扛于肩上。骆驼驼峰间搭驮架，侧有作十字捆扎的长方形驮囊，架上置一个菱形格的筐篮，篮后趴一回首扬尾的小猴。第二种砖7块，图案为胡商略转身牵驼缓行。如标本M123（西壁下），胡商身着V形领及膝长衫，腰系带，右手执鞭。骆驼驮架上搭十字形捆扎的椭圆形驮囊，上立一小鸟（图一五九、图一六〇）。

新疆阿斯塔那古墓出土过一块公元7—9世纪的连珠“胡王”锦，锦上有上下对称的图案，为椭圆形连珠花环，

图一五九 敦煌佛爷庙湾唐代模印砖胡商骆驼图

图一六〇 敦煌佛爷庙湾唐代模印砖胡商骆驼图

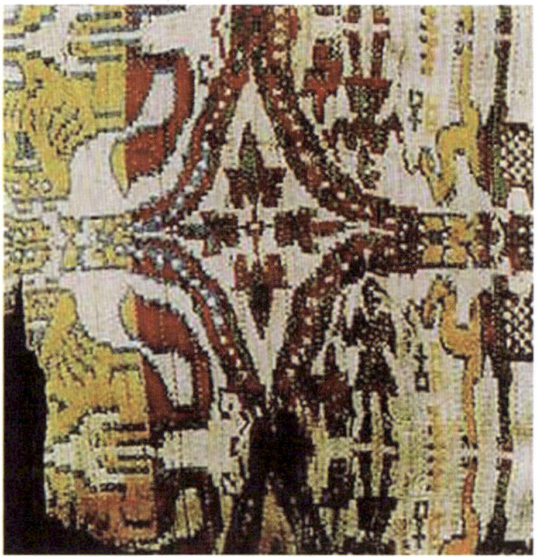

图一六一 吐鲁番阿斯塔那出土的『胡王』锦

内填饰正、倒相对的骆驼，牵驼人和汉字“胡王”（图一六一）。牵驼人深目高鼻，手执长鞭。骆驼似驮载着货物[93]。

胡商图的内容较之胡商俑要复杂，提供了更多的信息，是对胡商组合俑的补充。

问：胡商图上描述的这些内容有文字记载吗？

张：通过分析这些胡商图，我们可以看到。胡商经常是驱赶着成群的骆驼、骡马、牛车驮运货物的。这种情形史书也有记载。如吐鲁番出土文书《唐垂拱元年（685）康义罗施等请过所案卷》就记载，这个由粟特、吐火罗兴胡、作人、奴婢组成的商队，仆主共有 19 人之多，商人中年龄最大者 60 岁，最小者 30 岁，商队的马、驼、驴共 29 头[94]。

问：所有遗存的古代胡商图壁画中，您认为哪一幅最具有代表性？

张：关于中外文化商贸最有意义、最有代表性的壁画，我认为是前面提到的敦煌石窟北周 296 窟的“福田经变图”（图一六二）[95]。

图一六二 敦煌北周 296 窟《商队图》

该画面以一座桥为中心，分为左右两部分，左边是几个骑马汉族商人赶着一群驮着货物的毛驴过桥，右边是一个头戴尖顶帽、深目高鼻的胡商牵着两只驮着货物的骆驼准备过桥，在其后，又有一个胡商赶着两头驮着货物的毛驴紧紧相随。这幅图反映的正是丝路贸易途中商人相遇的情形，寓意中外商队进行物资交流，有着比较深刻的内涵，超过入华粟特人石葬具上反映粟特商人的画面。尤其是这幅图的上方，还有一幅图，也和丝路贸易有关。这幅图表现的像是一个客栈的情景，一人在一个食槽边照料三头驴吃草料，其侧有两人似给一头卧着的骆驼喂药。在他们前方，还有两人与一头卧驼。说明在丝绸之路沿途，这种客栈不是少数，这是东西方物贸、文化交流规模庞大的自然产物，或者说是丝绸之路通畅的附生物。路上有许多来回奔波的中外商队，就自然会出现为商队旅客提供休息的酒肆、客栈和药店等配套的服务行业。所以我认为这幅壁画比其他有关图像价值更大，内容更丰富，既是当时丝绸之路上中外商人来往奔波的历史写照，又是依附丝绸之路而生存的众多行业的缩影。壁画提供的客栈等细节，是深入研究丝绸之路的珍贵资料。

问：胡商图好像比胡商俑更为复杂，能否总结胡商俑和胡商图的发展演变过程？

张：胡商俑、牵驼俑和载货陶骆驼的组合以及胡商图，随着时间的推移，有个自身演变兴衰的过程。从时间上看，牵驼俑和载货陶骆驼的组合大规模兴起于北魏定都平城前后。在内蒙古自治区北魏墓、大同司马金龙墓和大同师院北魏墓群，已出土胡俑及载货陶骆驼；迁都洛阳后，诸多北魏墓又出土了载筐骆驼和载货卧驼模型。北齐墓中，又出现了骑驼俑。进入隋唐，胡商俑与载货骆驼的数量、形式又有所增加，如载货骆驼上坐一只猴，驮袋的形制与种类也变得多种多样，反映了隋唐对外开放程度的扩大。晚唐以降，随着社会的变化，胡商俑及载货骆驼模型在随葬品中越来越少。检核胡商图的源流，最早为汉代，经过北魏和东魏、西魏，大量存在时间，上限是北齐、北周，下限是唐后期，与胡商骆驼俑存在的时间基本相当。到唐晚期，胡商图渐趋减少。宋辽时，由于社会上仍有胡商，因此当时的绘画中，还有反映这方面的内容（图一六三）。在山西五代和宋代墓葬中，也有胡商图壁画可以为证（图一六四）。

图一六三 清明上河图局部

图一六四 平定西关村M1墓室东南壁胡商驼运图

牵驼胡俑或牵马、驴胡俑的变化也较明显。北魏定都平城前后，只有一种身魁体壮、大腹便便的胡俑。迁都洛阳后，胡俑体型趋向瘦长。东魏、北齐和北周时期，胡俑明显发展为几种类型，从衣饰观察，大多为粟特人。隋唐时，胡俑中又增加了阿拉伯人的形象，还有许多不易辨认其族属、国别的胡俑形象，甚至还有黑人俑形象。这种胡俑由简单向复杂多样的演变，与社会上胡商由少到多，有中亚商人、西亚商人及东罗马商人的实际情况是完全一致的。另外，骆驼中有单峰驼和双峰驼两种，也从两种驼的生存活动范围方面反映出大多胡商来自中亚和西亚。

胡商陶驼俑的造型也有个从呆滞到生动、由写实到艺术化的过程。不论是牵驼俑，还是陶骆驼和陶马模型，早期主要是写实性与象征性结合，北魏前期的胡俑与陶驼基本上就是如此。从北魏晚期和东魏开始，迈开了写实兼艺术化的步伐，出现了载货卧驼。北齐时，出现了骑驼俑。发展到隋唐，又出现了活灵活现、多彩多姿的骑驼俑与三彩骆驼模型。这个变化过程，实际上是中原艺术家和工匠对胡商及其骆驼观察入微、胸有成竹、随心创作的过程。因此，隋唐大批精致胡商陶驼俑的涌现，既是艺术创作的结晶，也是社会上胡商广泛存在的真实记录。有必要说明，根据现存资料，西魏、北周的陶骆驼形制变化较为简单，目前只见立式，未见跪式、卧式和载人骆驼模型。所以说，隋唐两代风姿多彩的骆驼造型，与东魏和北齐的渊源关系更为密切。

问：胡商俑是不是有比较明显的分布范围？

张：可以这么说。从胡商俑及载货陶骆驼随葬品的分布范围看，北朝时期，基本分布于北方地区，在南朝墓葬中罕见。隋唐时期，作为随葬品的胡商俑及载货陶骆驼模型已见于大江南北的墓葬中。这种分布范围的变化，是社会上胡商活动范围扩大的真实写照。胡商图的分布范围，从北朝到唐代，基本上都在北方地区。但据文献记载，南方的胡商也不少，不过少见胡商图罢了。

问：提到丝绸之路和胡商入华贸易，人们自然就会想到骆驼，这是为什么？为什么称骆驼是“沙漠之舟”？

张：粟特商人入华贸易，前期货物驮运主要依靠骆驼，不论由粟特地区入华，还是从遥远的波斯入华，都要经过茫茫的塔克拉玛干沙漠。塔克拉玛干沙漠东西长约 1000 公里，南北宽约 400 公里，总面积 337600 平方公里。商队穿越沙漠或者荒原，离不开骆驼，这是由骆驼的生理特性决定的：

一是骆驼的负重量超过牛、马等家畜，越野行走能力更是牛、马等可望而不可即，在沙漠中尤其如此。

二是骆驼能采食其他家畜不能食咽的粗糙、带刺而又异味浓烈的植物。它的牙齿坚硬，咬肌发达，能大量采食粗硬的灌木。另外，它身量较高，颈部灵活，可采食较高的枝叶，又可啃食地面上的小草。

三是它在苛刻的地理条件下，可以持续一周以上不饮不食。因为骆驼是反刍动物，瘤胃有较强的粗纤维消化能力。驼峰还是沉积脂肪的仓库，当食物充裕时保存脂肪，当食物不足时供应机体需要。

四是骆驼是沙漠的产物，形成了独特的适应风沙的体质。骆驼耳毛丛生，风沙不易进入；鼻孔启闭自如，短毛很多，有小管通出于唇沟，这样既不妨碍呼吸，还可过滤风沙。

五是骆驼在不同的气候环境中可以增加或降低自身体温，以适应环境昼夜气温相差悬殊的变化。

六是老驼有寻觅泉水、预知沙暴、避免受害的特性。美国学者谢弗曾在《撒马尔罕的金桃》一书中写道："伟大的丝绸之路是唐朝通往中亚的重要商道，他沿着戈壁荒漠的边缘，穿越唐朝西北区边疆地区，最后一支抵达撒马尔罕、波斯和叙利亚……这些道路之所以能够通行，完全是靠了巴科特利亚骆驼的特殊长处，这种骆驼不仅可以嗅出地下的泉水，而且还能够预告致命的沙漠：'风之所至，唯老驼预知之，即嗔而聚立，埋其口鼻于沙中。人每以为候，也预以毡拥蔽鼻口，其风迅驶，斯须过尽。若不防者，必致危毙。'"[96-97]。

广袤无边的沙漠，被称为沙海或者瀚海，沙浪翻滚，起伏无常，一望无际，如塔克拉玛干沙漠俗称"死亡之海"。骆驼有前述特点，是最宜于沙漠行走、运输的动物，所以被誉称为"沙漠之舟"。研究陆地丝绸之路的贸易，不能不了解骆驼的体质特性。

问：能否谈谈考古材料中骆驼的渊源和类别？

张：骆驼形象在汉代考古资料中已有不少，有散见于各地的陶骆驼、河南南阳画像石中雕刻的骆驼、北方出土的骆驼形状牌饰、四川新都东汉晚期画像砖上的彩绘骆驼等。山西右玉县大川村出土的西汉和平三年（前 26）的两件胡傅温酒樽的腹部图案中，就有一个双峰驼的形象。这时期的骆驼特点是仅有骆驼本身的形象，不附带其他装饰，如乘者和货架等。

在我国古代文物中，常见的是双峰骆驼的形象，单峰驼形象比例很少。这是由地理环境决定的。单峰骆驼主要分布于热带沙漠；双峰骆驼绒毛发达，不惧寒风冰雪，主要分布在阿富汗和中国的新疆柴达木盆地、甘肃、内蒙古等地。

北朝墓葬出土的陶骆驼与壁画中所见骆驼，各色各样，除单峰骆驼与双峰骆驼的区别外，还有许多差异，有的毛长，有的毛短，有的颈上毛长，有的颈下毛长，有的还修剪得很整齐。双峰骆驼有几个品种，这些形态不一的骆驼，有的是品种上的差别，有的可能是主人故意修剪出的标志和装饰，以便于在驼群中识别。

依载物骆驼与胡俑分离作为分类标准，骆驼种类大致可以分为两类：第一类是牵驼俑与载物骆驼、牵马俑与载物马或驴的组合，即在同一墓葬中，有胡俑和背负囊袋的陶骆驼，俑与骆驼、马、驴是分离的两个个体，但两个个体明显是互为依存的组合；第二类是商人直接骑在载物骆驼上的形象，更明显地反映了胡商远渡大漠、往返贸易的情景。

第一类组合出现时间较早，据现在掌握的资料，始于汉代，普及于北魏定都平城后，初期形象只有牵驼胡人俑与不载物骆驼，如在内蒙古北魏墓、大同司马金龙墓与雁北师院北魏墓群都有这样的组合，都是牵驼俑与一头骆驼的组合，骆驼背上不见任何负载物。北魏孝文帝迁都洛阳前后，逐渐出现了牵驼俑与陶制载物骆驼的组合，如洛阳北魏元邵墓[98]、元乂墓[99]、元睿墓[100]、侯掌墓[101]、河南偃师北魏墓群[102]、洛阳纱厂北魏墓[103]等墓中，均出土了胡人俑以及以载物骆驼为代表的胡商组合俑随葬品。

卧式陶驼初见于大同北魏太和元年的宋绍祖墓，可惜残损严重。就残存陶驼看，双腿弯曲，可以明显看出是卧姿[104]。从东魏起，随葬品中的卧式骆驼逐渐增多，造型也格外生动，有的特意加上彩绘。如茹茹公主墓出土的陶卧驼，背负帐具、丝绢和束丝，旁挂酒瓶、大雁及兽腿。驼后腿站立，前左腿跪地，前右腿蹬地，首微昂，作旅途中歇息状。前人云："驼卧，腹不贴地，屈足漏明，则行千里。"此乃有丰富生活经验的陶塑匠师着意塑造的良驼形象[105]。这种卧式骆驼按分类标准也是属于第一类型。另在吴桥北朝墓[106]、赞皇东魏李希宗墓[107]、磁县陈村墓[108]等几座东魏墓和河北湾漳大墓[109]，太原张肃俗墓[110]、娄睿墓[111]、贺娄悦墓[112]，安阳范粹墓[113]，磁县高润墓[114]、元良墓[115]，济南市东八里洼壁画墓[116]等北齐墓中，也有象征胡商的牵驼人和载货陶驼的组合俑，都属于第一种类型。

第二种类型出现于北齐时期。在太原北齐韩祖念墓中，首次见到骑驼俑和载货骆驼合在一起的造型[117]。这个造型使人与陶驼合二为一，更生动、具体地表现了胡商在漫漫旅途中的情形。虽说这种特殊随葬品的出现远远落后于现实，滞后性特点很明显，然而从艺术表现来说，不能不说是随葬品陶驼在发展过程中的一个大变化，其意义不可低估。到了隋唐，骑驼俑造型更为生动，载人载货的形态也更丰富。

以上两种类型，不论第一类的单个载货骆驼，还是第二类有骑者的载货骆驼，实际上都是外来商队的缩影，反映的是胡商或者商队入华经商的历史情况。

另外，在美国纽约大都会博物馆、华盛顿菲利尔美术馆、堪萨斯纳尔逊艺术博物馆、旧金山亚洲艺术馆、芝加哥艺术博物馆、芝加哥自然历史博物馆、加拿大安大略省博物馆和欧洲许多博物馆，都藏有立式的、卧式的、载货的[118]、乘人的（图一六五）、彩陶的、三彩的等多种骆驼，其中许多造型在中国国内都没有见过，不乏令人叫绝的艺术精品。这些骆驼，或大或小，或素或彩，都以出现之频、数量之众，间接地传递了一个信息，即从丝绸之路来的胡商在中原广泛分布，使学界加深了对北朝至唐代社会开放程度的了解。

图一六五 美国大都会博物馆收藏的陶驼胡俑

问：刚才讲述了“沙漠之舟”骆驼以及考古出土的骆驼形象及类型，大家还想知道骆驼有哪些运送货物的形式？

张：根据考古资料，陆地胡商用来载货的运输工具主要有骆驼、马、驴等，其驮货的形式至少有五种以上：一是直接在背上驮一袋，如西安北周王德衡墓、河北吴桥东魏墓、扬州唐代墓葬出土的陶骆驼与陶马所载囊袋之形式；二是背上两侧各加一筐，内装货物，如洛阳纱厂北魏墓葬出土的背上负有两筐的立驼；三是背两侧搭一个两排木条或窄木板组成的驮架，架上再装货物，如东魏茹茹公主墓、太原北齐娄睿墓与张肃俗墓、洛阳唐墓等出土的陶骆驼，这是最常见的一种载货形式；四是背两侧搭一条软帘或毛毡，上面再横搭长囊，如太原北齐韩祖念墓、隋代斛律彻墓出土的陶骆驼；五是背上装一个圆筒形竖囊架，内置货物，如日本Miho博物馆藏北齐石棺床图案上所见胡商图、太原唐墓壁画所见胡商图、敦煌佛爷庙湾6座唐代模印砖墓中所见胡商图等。驮载方式不同，恐与货物种类不同有关，或许也和不同民族的不同运输方式有关。

出土墓葬资料中，从东魏起，骆驼、马、驴驮载的货物种类主要有束丝、绢帛、毛皮等。对于骆驼所载各种货物的比例，无人做过精确的数量统计，就所见资料大致比例看，束丝、丝绸、绢帛等纺织品，所占比例最大，如东魏茹茹公主墓出土的陶骆驼、北齐娄睿墓出土的陶骆驼，背上都有一束束的丝、绸、绢、帛。

由大多数骆驼载有丝绸分析，丝绸无疑是当时最大宗的外销商品，将东西方商贸之路定名为丝绸之路，确是名副其实的。

问：刚才说到骆驼驮着丝绸，是将东西方商贸之路定名为丝绸之路的依据之一，不过还有点疑惑，这些贩运丝绸的商队，他们为什么不全部购买成丝织品，而也采购一部分丝束？他们有什么目的吗？

张：据初步分析，胡商购买丝束等半成品的缘由，一是当时的粟特地区，尚不掌握蚕丝生产工艺，蚕种及缫丝工艺是中国的经济机密，对外严格保密，并且严禁出口；二是中国对丝束半成品的出口似乎不加限制，或者说管理较松，容许半成品被成批地贩运到西域；三是中国生产的丝织品，尽管质地优良，但纹饰图案与西域民族的喜好不尽相同，为了攫取更大利益，胡商贩运丝束等半成品回去，配上本民族喜好的图案纹饰，无疑可以从质地、花色两方面都受到人们欢迎，从而得到比直接贩运丝织品更大的利润。

问：这些丝织品被运往何处呢？

张：这涉及从事丝织品再加工的具体地点。能从事纺织业的国家很多，西域诸国多数精于毛纺织业，只有少数也精于丝织品的制造，如高昌和于阗，就是著名的丝织品生产地。该地丝织品生产出来后，有的供应波斯、罗马等地，有的又返销中原。我们在新疆或敦煌文书中看到的波斯锦，有的就是来自这些地方。

问：来往商队都用骆驼载货，如何区别哪些骆驼形象代表胡商入华的情景，哪些骆驼代表胡商返回的情景？

张：有意思。北朝达官贵人的墓葬中，出现象征胡商的载货骆驼，反映出胡商在他们生活中的重要性，那些贵族希望在冥世中也有胡商供给他们精美的异域商品，这是完全可以理解的。遵循此逻辑，墓葬中出现的骆驼，所载货物品种，应该是来自外域，不应该是来自当地。可事实偏偏是，许多官僚墓葬中出土的陶制骆驼，所载货物非常醒目，是产于中原的丝织品。于是出现一个问题，那就是载有丝卷、锦帛、毛皮等的骆驼，严格地说，不是胡商入华时的情景写照，恰恰相反，是胡商离华时的情景写照。道理很简单，胡商入华，带的货物不是丝绸，虽说也有波斯锦等纺织品，但那不是主要货物，主要货物是毛织品、珠宝、金银器或香料等。胡商离华时，带走的商品则主要是丝绸，而且数量很大。

说到这个问题，首先要了解胡商未入华时骆驼载货的情景。以前这方面的直接资料很少，只有敦煌石窟北周296窟的“福田经变图”[119]，反映的是丝路途中中外商人相遇的情形，因此该画中的粟特载货驼马图可以认定正是胡商入华时的写照。其他几幅敦煌壁画中的胡商图，也可勉强视为胡商入华时的情景。除此而外，其他材料就很少了。近年，由于几个北朝粟特人石葬具的发现，有关资料猛然增多，内容丰富，且真实可靠，均为珍贵的第一手资料。如日本Miho博物馆北齐石床榻图案、西安北周安伽墓石床榻图案、史君墓石堂图案中，皆有反映胡商入华前驼队载货的情景。可贵的是，根据这些图案可以发现，骆驼背上只有囊袋或筐篓，看不到任何丝绢布帛，似乎可以证明，胡商未入华前，骆驼所载货物，不以丝帛之类作为标志。

根据出土外来器物和文书以及有关文献记载，胡商入华时携带的商品主要有金银器皿、宝石、香料、骏马、毛纺织品、药材、奴隶等，最受达官贵人欢迎，也最有利润的，大概是前四项物品。这四项物品中，金银器皿、宝石、香料等是不敢暴露在明处的，只能被藏在囊袋内或者更隐蔽、更安全之处。另外，就前面几幅敦煌壁画和入华粟特人的石葬具图像看，胡商载货形式全是囊袋或筐箩之类。根据这个情况，可以初步推断：那些不见丝绸布帛、仅有囊袋的载货骆驼，应当是胡商入华的象征；相反，那些满载丝卷和丝帛的陶驼，应是胡商离华返归的象征。同时，那些驮载形式不同的陶驼，便是具体体现该时期文化互动关系的标志物；那些来回奔波的商人，便是各地文化信息的传播者。

唐代诗人张籍在《凉州词三首》之一中写道："边城暮雨雁飞低，芦笋初生渐欲齐。无数铃声遥过碛，应驮白练到安西。"[120] 诗中最后一句就是描述胡商离华时的景象。

不过，骆驼驮负丝卷和丝绸的载货形式，不能排除它是经过艺术创造的产物。胡商在中国市场上大肆收购丝绸织品的情况，落入艺术家眼中，就将此为原型，创造出特殊的深受达官贵人欢迎的随葬品。其中难免会与事实有些出入，但是出入不会太大，至少反映了胡商对中国丝织品青睐有加的情况，以及胡商与中国上层社会的密切关系。

问：胡商带到中土的货物，有没有在中原留下些记载？

张：有的，比如说胡商入华带来许多中国稀缺的药材和治疗方法，时间久了，就形成了一些医学专著，如在《隋书·经籍志三》中，就记载有《龙树菩萨药方》四卷、《西域诸仙所说药方》二十三卷、《西域波萝仙人方》三卷、《婆罗门诸仙药方》二十卷、《西域名医所集药方》四卷（本十二卷）、《婆罗门药方》五卷、《耆婆所述仙人命论方》二卷（目一卷，本三卷）等，另外如《香方》一卷、《杂香方》五卷、《龙树菩萨和香法》二卷等[121]，也和西域传入的香料等物品有关。另外在《洛阳伽蓝记》和该时期史书中，也有零星记载。

问：丝绸之路贸易商品很多，《伊朗中国编》和《唐代外来文明》举了许多例子，几乎涵盖生活的各方面，但是我们想知道，什么商品是东西方贸易的大宗商品呢？

张：胡商入华，购买的商品主要是丝绸，除历史文献大量记载外，在北朝、唐、五代墓葬中也可找到许多物证。如北齐娄睿墓、张肃俗墓、徐显秀墓以及许多唐代墓葬，都出土了各色各样的背驮丝绸的陶质骆驼模型，都证明入华胡商前期购买的最大宗商品，是丝绸纺织品，而后期购买的大宗商品，则是瓷器和茶叶。

胡商入华时也带来很多商品，其中民用大宗商品是珍宝或金银器物，军用大宗商品是西域良马。中国需要良马，从汉代就已开此先河。如汉武帝派贰师将军李广利进军大宛，就为获得汗血宝马，劳民伤财，死伤惨重，最终夺取三千匹汗血马。

北朝直至唐代，都要通过丝绸之路获得西域良马。《魏书·西域传·洛那国》："洛那国，故大宛国也……去代万四千四百五十里。太和三年，遣使献汗血马，自此每使朝贡。"[122]《魏书·西域传·吐呼罗国》："有好马、驼、骡，其王曾遣使朝贡。"[123]如北魏时，河间王元深为得到好马，不计成本，派人远赴西域，"琛在秦州，多无政绩。遣使向西域求名马，远至波斯国，得千里马，号曰‘追风赤骥’”[124]。风气所及，马匹成了中西贸易的奢侈商品和重要商品。北朝墓葬壁画中，就有反映胡人贩马的图像。如娄睿墓墓道壁画上层，一队胡商带着载满货物的驼队来中原贸易，驼队之后，紧跟着一群裸马，无缰无鞍，身量高大，神骏异常。可惜西壁壁画仅有胡商驼队，驼队后面的马群画面惨遭破坏。但是在东壁壁画中，这一部分完整地保留下来[125]。忻州九原岗北朝墓墓道壁画中，也有胡人贩马的画面[126]。

许多证据表明，良马在外来商品中占有很大比例。如史书记载，西域良马进入中国，多时数量达到一年十万匹。《新唐书·食货志》载:“时回纥有助收西京功，代宗厚遇之，与中国婚姻，岁送马十万匹，酬以缣帛百余万匹。”双方用“马十万匹”和“缣帛百余万匹”直接交易，交易量巨大，也反映出丝绸、马匹是丝绸之路的大宗商品。换句话说，尽管东西方交易货物很多，但是汉唐时期，一直是以“丝马交易”为中心。从唐开始，外销产品比重发生变化，特别是随着海上丝绸之路的发展，瓷器和茶叶在外贸商品的比例中越来越高，经由海上远销西亚、欧洲。1998 年，德国打捞公司在印尼勿里洞岛海域发现一艘唐代阿拉伯沉船“黑石号”，打捞上来后，现存商品最多者为瓷器，达 6 万余件。伴随茶具的，还有大量茶叶。另在印尼井里汶海域发现一艘五代时的沉船，船内中国瓷器数倍于“黑石号”沉船内的瓷器，其中大量是茶具，证明唐代始，大量瓷器、茶叶等货物被销往阿拉伯等地区，这是研究丝路贸易不能不注意的变化。

问：我们还想知道，出土文物反映的胡商在长途跋涉中携带什么生活物品？

张：从出土文物看，骆驼、马、驴的驮载物除丝绸等货物外，还往往有水壶、毡帐、大雁、猴子、肉条、野兔等，此类物品不是商品，是胡商的旅途生活用品。有一种骆驼所载的用木条制成的驮架，在夜晚住宿时，还能被用来搭撑简易毡帐[127]。盛装货物的长形囊袋随着时代不同也在演变，囊袋顶端中部有开口与不开口两种形式。囊袋的两端也有时代特征，北魏、东魏、北周和北齐的大多数驮囊两端，有束口与齐头两种形式，装饰也较简朴、实用，北齐驮囊上出现虎皮纹等纹饰。北齐韩祖念墓中驮囊和山东益都石室胡商图驮囊上，始见兽首图案。隋唐时，装饰性很高的兽首图案囊袋已很普遍。据姜伯勤先生研究，这种兽首代表祆神，与胡商的信仰有关，使学界对胡商的信仰也有了一定认识。

问：前面说胡商旅行中还带大雁，这有什么特别的寓意或用途？

张：大雁可能既有实用价值，又有一些寓意吧。我们知道，大雁是典型的冬候鸟，中文俗名为大雁、 东方豆雁、鸿等。大雁在中国主要为冬候鸟，见于长江南北的江河、湖泊、水库和农田中，数量居中国雁类之冠。迁徙时，每年 3 月中至 4 月初、9 月底至 10 月初路经华北，春回秋去，每年如此。飞行时以十余只至数十只为一组，排列成整齐的“一”字形或“人”字形的队列，交替变换队形，边飞边叫，缓缓前行。

胡商携带这种大雁[128]，分析有三种意义：

第一，大雁从生物特性来说，是一种冬南夏北的候鸟，每年一度的南北飞行，需要很长的时间。这和胡商商队的长途贩运颇有相似之处，商队骆驼上载有大雁，似有暗祈驼队平安，像大雁一样来回飞渡大漠之意。

第二，大雁一年一度的南来北往，都是成群结队，少则数十只，多则数百只，这和商队的数量也大致相当。雁群是最有团队精神的飞禽，飞行中或休息时，都有严格的次序，这种精神也是商队在长途跋涉中不可缺少的。

第三，商队行进在茫茫大漠，常有找不到水源与食物的危险，而大雁每年飞来飞去，对来往路线和沿途的水池、湖泊比人更为熟悉。生物学家早已经知道，大雁“迁徙时所取的途径，并非偶然，都是年年固定不变的”[129]。商队在遇到缺水危险时，如能发现大雁起落的栖息之地，对于寻找水源、解脱困境，无疑是最大的帮助。

问：想不到大雁有这么多的寓意和用途，那驼背上常见的猴子又是什么缘故？

张：猴子的出现，恐与以下几种原因有关：一是猴子异常机警，善解人意，易于驯服。驯服后的猴子，可以在商队的长途跋涉中，帮助解决许多问题，如夜间放哨、采摘食物、解忧逗乐等。二是有一种猴子，可以预知食物中是否有毒。如《黄金草原》中记载，产于黑海附近的猴子被饲养在多国宫廷中，职责是替皇帝检查食物。中国也不例外，该书记载“因为这种动物具有一种能区别出在菜肴和饮料中是否有毒的特殊本领，他们于是便先把杯盘递到它们面前，让它们嗅之，然后再抛给它们一小块，如果吃了，国王也就毫不害怕地吃起御膳；但如果它们将之抛开，这种拒绝态度就清楚地说明食物内有毒药，国王便提高警惕。中国、印度和大部分国王也都利用猴子从事同样的服务。我们于下文不远处就会看到，那些前来会见迈赫迪的中国使节们告诉他猴子在其国王用膳时是何等的有益”[130]。如果商队带的是这种猴子，既可以保证途中食物的安全性，也可以作为高级贡品献给皇帝和王公，或者作为商品卖给官僚和富翁。

问：大雁和猴子都有用途，那骆驼驮架上挂着的鱼又表示什么意思？

张：这个问题的确令人困惑。在一些骆驼驮架上挂有一条大鱼，这与穿越沙漠长途贩运的胡商生活不相符合。驼上之鱼，我想不能完全排斥是食物，但更有可能是某种表示吉祥的象征与心愿。唐代民间有以鱼为吉祥物的风俗，双鱼结的形式在墓葬中也出现了，反映了鱼与吉祥的关系。究竟是什么关系，目前尚不明白，还需要新的证据。

问：除了胡商俑、胡商图，考古出土的资料中还有什么与胡商有关？

张：20世纪，北朝、唐代关于胡商的文书、碑志也出土不少，反映了许多史书不载的事情，对研究各时期胡商的活动也极重要。不少中外学者都曾利用大量的敦煌文书、吐鲁番出土文书以及其他有关胡商的出土文书，对胡商的活动作过或多或少的研究。如吐鲁番阿斯塔那221号墓出土的《唐贞观廿二年（648）庭州人米巡职辞为请给公验事》：

贞观廿二　　　　庭州人米巡职辞：

米巡职年叁拾，奴哥多弥施年拾伍，婢娑匐年拾贰，驼壹头黄铁勤敦捌岁，羊拾伍口。州司：巡职今将上件奴婢驼等，望于西州市易，恐所在烽塞，不练来由，请乞公验，请裁，谨辞。

巡职庭州根民，任往西州市易，所在烽塞勘放。

怀信白。廿一日。[131]

由此文书可见，这是一条验事记录，类似于现代的公文介绍，记录了来自九姓胡的米巡职欲往西州交易之事，表明胡商在中国境内交易，途经各处，所到之地，均要报请官府批准。《唐垂拱元年（685）康义罗施等请过所案卷》，也记述了粟特和吐火罗商人申请过境到某地交易之事[132]。与此有关的文书还有阿斯塔那509号墓出土的《唐开元二十年（732）瓜州都督府给西州百姓游击将军石染典过所》《唐开元二十一年（733）染勿等保石染典往伊州市易辩辞》《唐开元二十一年（733）石染典买马契》等，记载了来自九姓胡的石染典在各地贸易，申请过境之事，保人中还有“兴胡罗世那，年三十；兴胡安达汉，年三十五”[133]。兴胡即商胡。这些文书表明，当时商人前往各地贸易，并非想去就去，得办一定的手续，还得有其他商人作保。对于往来交易的商人，中国政府是欢迎和提供保护的，如敦煌隋代石窟“商人遇盗图”所示，商人遭劫，官兵就帮助商人追杀强盗，夺回货物，极力维护丝绸之路的畅通与安全[134]。

问：当时对于较大交易，是否也有契约？

张：胡商交易时，遇有较大的买卖，都要立下契约，并请保人作保。如前引《唐开元二十一年（733）石染典买马契》：

马一匹骝敦六岁

开元二十一年正月五日，西州百姓石染典，交用大练拾捌匹，今于西州市，买康思礼边上件马。其马及练，即日各相交付了。如后有人寒盗识认者，一仰主、保知当，不管买人之事。恐人无信，故立私契。两共和可，画指为记。

练主

马主别将康思礼，年四十四

保人兴胡罗世那，年三十

保人兴胡安达汉，年三十五

保人西州百姓石早寒，年五十

吐鲁番阿斯塔那35号墓《唐咸亨四年（673）西州前庭府杜队正买驼契》：

咸亨四年十二月十二日，西州前庭府队正交用练拾肆疋，于康国兴生胡康乌破买取黄敦驼壹头，年十岁，其驼及练交想（相）付了。若驼有人寒盗者，一仰本主及保信酬当，杜悉不知。叁日不食水草，得还本主。待保未集，日立私契，保人集，别市契。两和立契，获指□（为）验。

驼主康乌破延

买驼人杜

保人都护人敦

保人同乡人康莫遮

知见人张轨端

又如吐鲁番阿斯塔那509号墓《唐开元十九年（731）唐荣卖婢市券抄件》：

……

开元拾玖年贰月　日，得兴胡米禄山辞，今将婢失满儿年拾壹，于西州市出卖与京兆府金城县人唐荣，得练肆拾疋。其婢及练，即日分付了，请给买人市券者。准状勘责，问口承贱不虚。又责得保人石曹主等五人款，保不是寒良玄诱等色者，勘责状同，依给买人市券。

练主用西州都督府印

婢主兴胡米禄山

婢　失满儿年拾贰

保人　高昌县石曹主年四十六

保人　同县曹娑堪年四十八

保人　同县康薄鼻年五十五同元

保人　寄住康萨登年五十九

保人　高昌县罗易没年五十九

史丞上柱国玄亮 券

史竹无冬[135]

以上都是契约文书，通过这些文书，可以了解当时交易的商品内容和交易形式。

问：能不能再举几个例子谈谈胡商的规模？

张：入华胡商数量庞大，成群结队，这点在出土文书中得到证实。姜伯勤先生据哈尔玛达（J.Harmatta）重译的斯坦因 1907 年在敦煌以西汉代烽火台所发现的粟特文书信 A52 号书简，对简中提及的商人进行了统计，发现粟特人商队以姑臧（今甘肃武威）为集结地，前往洛阳、金城、敦煌各地，其商队在一处驻有 100 名粟特人，另一城驻有 42 人，其卖出货物为大麻织品、毛毡等，其购入品为丝绸、麝香等，其通货为银钱。前述文书还记载，粟特商人自敦煌离开中国，旋又返回，说明他们是来往于中国内外未著籍的粟特商胡[136]。近年，美国学者安妮特·L·朱丽安娜和朱迪思·A·莱莉重新全文翻译了这封信，再次明确，早在公元 313 年，粟特商队已经渗入洛阳等地，开展较大规模的贸易[137]。

入华商人长途跋涉，经过许多国家，经历难关险阻，不免沿途遭遇拦路抢劫的强盗，从安全考虑，单身或人数少了都不行，据史书反映的情况，国际商队至少在几十人至数百人。

《晋书·刘隗传》记载，刘隗子刘畴，“曾避乱坞壁，贾胡百数欲害之”，由所载“贾胡百数”可见，即使进入中国后，胡商也是成群结队地活动。

《周书》卷五〇《异域下·吐谷浑》：“大统中，夸吕再遣使献马及羊牛等。然犹寇抄不止，缘边多被其害。魏废帝二年，太祖勒大兵至姑臧，夸吕震惧，遣使贡方物。是岁，夸吕又通使于齐氏。凉州刺史宁觇知其还，率轻骑袭之于州西赤泉，获其仆射乞伏触拨、将军翟潘密、商胡二百四十人，驼骡六百头，杂彩丝绢以万计。”这段文字，也从侧面反映出胡商数量不少的事实。

佛经中提到商人，或经商，或寻宝，常是五百之数，说明中亚商人的确有成群结队外出经商的传统。其中，入华商人以粟特、波斯、大食的为多。粟特商人之多，姜伯勤、荣新江二先生已作过较详细的研究，可资参考[138]。唐肃宗时期，田神功兵掠扬州，大食、波斯胡贾死者数千人[139]，亦可为证。

在商队内部，有大家公认服从的首领与规矩。商队的首领，称为“萨薄”，这是一个起源于印度的名称。在丝绸之路沿途石窟壁画中，就有萨薄率领商队克危解难的内容。

在新疆克孜尔石窟第 8 窟、17 窟、38 窟、114 窟、184 窟等石窟壁画中，均有许多表现萨薄与商人的内容[140]，较著名、较普遍的应是萨薄商主燃臂引路、马壁龙王救诸商人渡海和萨薄商主救商人出海的故事，这些甚至在一窟中反复出现。马壁龙王救商人渡海的故事说，五百商人入海求宝，龙欲害之，“复有一龙王名曰马壁，是大菩萨以本愿故生龙中，起慈悲心，救诸商人令得安稳过与大海”[141]。画面是商人赶着满载货物的骆驼与牛平安通过（图一六六），故事出自佛经《经律异相》卷二十四。

萨薄商主燃臂引路的故事是讲，五百商人行路于山谷间，黑暗迷途，“是时萨薄，即以白毡自缠两臂，灌油燃之，然用当炬。将诸商人，经于七日乃越此暗谷。时诸贾客感戴其德”（图一六七）。故事出自佛教《贤愚经》卷六第二十八品。故事的画面是，萨薄燃臂当炬，旁有商人，身后有载货的骆驼、驴、马或牛等随行。

这些佛经壁画中萨薄与商人的故事，也反映出粟特商人结伙经商的情形。

问：胡商入华贸易，收不收交易税，有没有管理机构？

张：对于入华胡商，政府依其交易比例征收一定税额。据敦煌、吐鲁番文书，这种税为“称价钱”和“藏钱”，这在《吐鲁番出土文书》内的《高昌内藏奏得称价钱帐》与《高昌条列出藏钱文数残奏》等文书中俱有记录[142]。

入华胡商的管理机构很多，沿途各级官府都管，但萨宝府无疑是主管机构之一。萨宝府与胡商的关系，目前还说不上是完全清楚，然而由萨宝来源于队商首领[143]，萨宝府又主管入华胡人事务来看，不可能不管理入华胡商。姜伯勤先生考证认为，“北朝隋唐萨宝制的近源是西胡系，即伊兰、粟特系队商制”[144]。另外，有的碑上也记载了胡商与萨宝府的关系，如《惠郁造像》:“萨甫下司录商人何永康……”[145]

图一六六 新疆克孜尔石窟马壁龙王救商人渡海壁画

图一六七 新疆克孜尔石窟萨薄商主燃臂引路救商人壁画

萨甫即萨宝。从这句话可以看出，胡商与萨宝府是有一定关系的。

更有趣的是，姜伯勤先生通过一批墓志研究归纳北朝凉州以东萨宝的特点，涉及萨宝的分布情况，竟然与胡商俑及载货驼马的分布范围相近。他指出："本时期萨宝多分布在凉州、张掖、酒泉、并州、邺、雍州及洛阳，说明这些地区是粟特队商聚落布点所在。"[146] 这个结论，与我们前面考察胡商俑及载货驼在北朝时期的分布范围相差不多，可以互证。

近年来，在国内许多入华粟特人墓志上，也发现墓主人生前担任"萨保"（萨宝）的记载。如近年发现的安伽墓、史君墓、虞弘墓，均明确记载墓主人是安国人、史国人和鱼国人，分别葬于北周和隋代，还有准确纪年，而且前两位生前均担任过"萨保"，后者在北周时一度"检校萨保府"。

荣新江先生最近研究，墓志上的"萨保"与前面提到的佛经中的"萨薄"不同，"是严格分开来的"。萨薄是商队首领，萨保是管理在华粟特人的聚落首领或者大首领，两者有一定渊源关系，萨保是由萨薄演变而来的[147]。在西域可能不同，如高昌国，专门设有"萨薄"一职。在《高昌永平二年（550）十二月三十日祀部班示为知祀人名及谪罚事》文书中，排列了许多官名和人名，如"谏议乾茂、参军忠穆、明威世和、主簿处顺……虎牙孝恕、萨薄□□、虎牙孟义……"[148] 这个"萨薄"，明显是个官员，好像不仅掌管商业，可能与内地的"萨保"一样，也管理其他事务。

问：胡商入华交易，双方使用货币，还是以货易货？

张：这是个有趣的问题。从资料看，入华胡商带来大量金银币，近几十年来，以夏鼐先生为首，不少学者对此作了收集和研究，成就喜人。近年各省区又有新发现，山西省就发现了几十枚波斯银币（图一六八），增添了胡商贸易使用金银币方式的新证据。就现在陆上丝绸之路已发现的波斯银币的范围看，与唐以前胡商组合俑的分布范围几乎相当[149]，再加上与萨宝的分布范围也相近，所以有理由说，这里有一定的必然性。从出土文书看，在今新疆维吾尔自治区，北朝、

图一六八 山西境内新发现的波斯银币

隋唐时期的交易方式存在以货易货的形式，除以物易物外，也存在使用金银的情况 。前述阿斯塔那514号墓所出《高昌内藏奏得称价钱帐》，386号墓《高昌延和十八年（619）张师儿随葬衣物疏》《高昌延寿十四年（637）张师儿妻王氏随葬衣物疏》，阿斯塔那388号墓所出《高昌付张团儿等银钱帐》等都有记载[150]。

问：北朝、隋唐时期，通往中原的丝绸之路有几条？

张：西域商人入华主要是通过西北大漠丝绸之路。《隋书》卷六七《裴矩传》记载，北朝时期，从敦煌向外的丝绸之路有三条，“发自敦煌，至于西海，凡为三道，各有襟带。北道从伊吾，经蒲类海铁勒部，突厥可汗庭，度北流河水，至拂菻国，达于西海。其中道从高昌、焉耆、龟兹、疏勒，度葱岭，又经钹汗、苏对沙那国、康国、曹国、何国、大小安国、穆国，至波斯，达于西海。其南道从鄯善、于阗、朱俱波、渴盘陀，度葱岭，又经护密、吐火罗、挹怛，忛延、漕国，至北婆罗门，达于西海。其三道诸国，亦各自有路，南北交通。其东女国，南婆罗门国等，并随其所往，诸处得达。故知伊吾、高昌、鄯善，并西域之门户也。总凑敦煌，是其咽喉之地”。 敦煌之东或北，又有多条道路。

问：胡商入华一般在什么时间或季节？

张：北朝胡商入华，不是一年四季随时可来，而有一定的规律。

这个规律，在和平的社会环境下，直接受到气候影响。据史料记载，明元帝拓跋嗣泰常四年四月，“享东庙，远蕃助祭者数百国”[151]。太武帝拓跋焘太延年间，柔然、车师、焉耆、鄯善、粟特等国来朝觐；五月，“遣使者二十余辈使西域”[152]；同年“八月丙戌，行幸河西。粟特国遣使朝贡”[153]。《魏书》卷六《显祖献文帝弘纪》：“九月壬子，高丽、于阗、普岚、粟特国各遣使朝献。”从以上诸条来看，使臣入华时间，多在春季和秋季。胡商来往时间，当与使臣来往的时间相差无几，同样受气候制约，在正常情况下，是春季和秋季[154]，少数也在冬季。

问：为什么会是秋季或春季？

张：之所以如此，是因为中亚与东亚交接地带的骆驼，在沙漠中，耐旱不耐热，酷暑高温，骆驼极难长途跋涉。因此史书有关记载，多为三季资料，夏季较少。如《魏书》卷五《高宗纪》:“三年春正月壬戌，畋于崞山。戊辰，还宫。粟特、于阗国各遣使朝贡。”《魏书》卷七上《高祖纪》:“四年春正月丁丑，侍中、太尉、陇西王源贺以病辞位。辛巳，粟特国遣使朝献。”又如《唐开元二十一年（733）石染典买马契》，时间是开元二十一年正月五日。吐鲁番阿斯塔那35号墓《唐咸亨四年（673）西州前庭府杜队正买驼契》，时间是咸亨四年十二月十二日。又如吐鲁番阿斯塔那509号墓《唐开元十九年（731）唐荣卖婢市券抄件》，记载的时间是“开元拾玖年贰月”。从数量统计看，胡商活跃的季节，主要是春、秋、冬三季，夏季较少，尽量避免在夏季穿越大漠。这也适合自然界情况和商人自身安全的要求。

唐代诗词中也有关于胡商出入的内容，可供参考。如唐代诗人张籍在《凉州词三首》之一中写道:“边城暮雨雁飞低，芦笋初生渐欲齐。”从此句看，有高空中飞行的大雁，又是“芦笋初生”的季节，描写的正是边塞春季的景象。从出土陶骆驼和胡商俑的装饰来看，大多是夹衣大氅，似乎也表示是在春、秋季节。

问：原来是这样的，那胡商入华的数量每年大致相等吗？

张：北朝入华胡商数量及其贸易活动，不是年年均等，或直线上升，而是时多时少。不过也有一定规律，这个规律与社会环境安定与否有关。尽管政府希望胡商入华贸易一直保持一个较大的规模，但事实上并非如此。纵观史籍，胡商入华贸易在几个时期内规模较大：

一是北魏定都平城时期，自太武帝拓跋焘平西凉、派董琬使西域至孝文帝迁都洛阳。这个时期，北朝入华胡商规模明显呈上升、扩大的态势，史书中屡见胡商或使节入华的记载。

二是北魏迁都洛阳之后的神龟、正光之际，在北魏孝明帝至北魏后期。正如《洛阳伽蓝记》所载，这时的规模最大，是“自葱岭已西，至于大秦，百国千城，莫不欢附，商胡贩客，日奔塞下，所谓尽天地之区已。乐中国土风，因而宅者，不可胜数”[155]。北魏“河阴之变”后，入华胡商数量锐减。

三是北齐、北周初期。据《北史·皇后穆氏传》，北齐遣商胡为皇后造七宝车。北周胡商的活动更为频繁，《周书·异域传上》："赵、魏尚梗，则结姻于北狄；厩库未实，则通好于西戎。由是德刑具举，声名遐洎。卉服毡裘，辐凑于属国；商胡贩客，填委于旗亭。"[156]

四是隋初，也是胡商入华规模较大的时期。如《隋书·食货》："又以西域多诸宝物，令裴矩往张掖，监诸商胡互市。啖之以利，劝令入朝。自是西域诸蕃，往来相继。"[157]

北朝胡商入华的规模与频繁的程度，受多种因素制约，主要是两个，一个是丝绸之路的安全情况，一个是北朝境内的政局与社会治安。前者与西域整个地区的环境安定有关系，涉及吐谷浑、波斯、粟特、柔然、突厥诸国，诸国争夺激烈时，丝绸之路便没有安全可言，商队自然减少。后者与北朝内部政局稳定与有关政策直接相关。北朝 200 余年间，出现过几次大的打击胡商的事件。前期如《魏书·卢水胡沮渠蒙逊传》记载，太武帝太延五年未平凉州前，河西王沮渠牧犍自恃势大路远，对北魏阳奉阴违，"切税商胡，以断行旅"，成为太武帝拓拔焘平定凉州的理由之一，也反映出沮渠牧犍占据河西要道，不仅向胡商征收重税，而且故意阻止胡商前往平城贸易，引起平城权贵的愤怒。后期，北朝内部战争也妨碍胡商正常的入华贸易，尤其东、西魏对峙，北齐与北周争雄，出于切断对方经济来源的战略，对到对方境内贸易的胡商，有的是苛查，有的是刁难，甚至有时截道杀人夺财。北周军队就劫夺过赴北齐胡商的货物和钱财。《北史·吐谷浑传》记载，胡商的商队途径北周境内时，受到北周军队的袭击。如此劫夺胡商的钱财和货物，一是贪财，二是为切断胡商与北齐的交往。胡商受到这样的打击，消息传出，自然不敢轻易前来，导致入华胡商数量减少。所以到隋代时，裴矩不得不“啖之以利，劝令入朝”。

此外，也有少数地方军政大员为贪巨财，以暴行劫夺胡商财货。如元暹任凉州刺史时，贪暴无极，大肆屠杀胡商，将胡商所有财物归为己有[158]。这种暴行一旦发生，短期内再无胡商敢在附近出现。

所以说，胡商入华也受到当时丝路安全和政局稳定与否的影响。

问：以上主要谈了陆地丝绸之路，能否再谈谈海上丝绸之路呢？

张：好的。我国除了陆地丝绸之路，还有海上丝绸之路。南北朝时期，随着世界各地区之间联系的日益紧密，海上丝绸之路得到长足发展，各地区的货物陆续进入中国，促进了中国与其他国家的交流。考古资料显示，该时期通过海上丝绸之路与中国交往密切的，主要是日本、百济和新罗。

唐代，经济发展迅猛，社会安定，商贸兴盛，海上丝绸之路的航海线路与对外贸易港口城市均有所增加。黄海航线、东海航线和南海航线上来往的商船日渐增多，始发港口主要有广州、扬州、泉州、明州、登州和海州等，沟通了朝鲜半岛和日本，诸国来往更为便利；南海航线被称为南线，始发港口为扬州、广州、福州、明州，沟通了东南亚、印度洋，到达波斯湾诸国，延伸到非洲。中国官员曾乘船沿海上丝绸之路出使诸国。如陕西发现的唐杨良瑶墓碑记载，杨良遥“以贞元元年四月，赐绯鱼袋，充聘国使于黑衣大食，备判官、内傔，受国信、诏书。奉命遂行，不畏于远。届乎南海，舍陆登舟。邈尔无惮险之容，凛然有必济之色。义激左右，忠感鬼神。公于是剪发祭波，指日誓众，遂得阳侯敛浪，屏翳调风，挂帆凌汗漫之空，举棹乘颢淼之气，黑夜则神灯表路，白昼乃仙兽前驱。星霜再周，经过万国，播皇风于异俗，被声教于无垠。往返如期，成命不坠，斯又我公杖忠信之明效也”[159]。杨良遥以“聘国使”身份携带国信、诏书，从南海登舟，穿过马六甲海峡到印度洋，一直到两河流域，通过海路出使印度洋沿岸南亚、中东国家，最后到达大食，“往返如期，成命不坠”。这是首次有名有姓的中国人经过印度洋到达阿拉伯海的记录。也有文献记载西亚商船来中国的，如《通典》卷一九一《西戎总序》记载:“族子环，随镇西节度使高仙芝西征，天宝十载（751）至西海，宝应初，因贾商船舶自广州而回，著《经行记》。”可见当时海上丝路已经形成。

问：请问海上丝绸之路有何重要发现？

张：也有很多。在南海、印度洋、波斯湾沿岸，都发现很多海上丝绸之路的遗迹或遗物。唐代的遗物比较多，有瓷器、钱币、铜镜等。不过就汉唐时期来讲，与粟特甚至西亚地区有关的重要发现应该是“黑石号”沉船和印尼井汶里沉船。以“黑石号”沉船为例，就可窥视海上丝绸之路风貌。

问：“黑石号”沉船是哪国的船只？体量有多大？

张：因为发现于印尼勿里洞岛海域一块黑色大礁岩附近，故称其为“黑石号”沉船。据新加坡林亦秋先生《黑石号沉船的唐代国宝》和齐东方先生的研究成果，“黑石号”是一艘阿拉伯商船，由广州经过印度洋前往波斯湾。沉船装载的货物表明，货物来自唐朝。该船最初由当地渔民发现。1998 年 9 月，德国人沃特法组织了对“黑石号”的打捞工作，至 1999 年 6 月基本完成，从 2000 年开始对打捞文物进行整理，2005 年被新加坡“圣淘沙”机构出价 3000 多万美元收购。“黑石号”船身长约 20 米，排水量约 150 吨。船体保存基本完整，采用绳索缝合、捆扎船体，从结构看，是一艘印度或阿拉伯造的单桅缝合帆船。这种船体结构是典型的阿拉伯缝合船，制作船体时不使用铁钉。据测定，沉船所用木材主要产自非洲东北部、东部、西部和中西部的赤道，尤以苏丹和扎伊尔为最[160]。

该船从中国装载了大量货物，在返经印度尼西亚勿里洞岛附近时，不幸触礁沉没。

问：该船装载着什么货物？

这艘商船所载货物有金、银、铜、铁、陶瓷、骨、木、石、玻璃、香料等各类宝物，多达6.7万多件[161]，其中98%是中国陶瓷。比较珍贵的文物包括10件金器、24件银器、18枚银铤、30件铜镜、2件玻璃瓶、1件漆盘、象牙制游戏器具和砚、墨等。

沉船所载瓷器中，长沙窑瓷约56500件，器型以碗为主，约有5万件，是该船最大宗商品，也证明这艘船的确是商船。“黑石号”上的长沙窑瓷碗有显著特征，口沿内外饰有对称的四块扇形褐斑，碗内釉下彩绘各种纹饰，也有少量书写文字者[162]。壶的数量仅次于碗，以模印贴花壶最多。还有罐、葫芦瓶、水盂、油盒、油灯、杯、熏炉、碟、盘、渣斗、瓷塑生肖动物等，多是日常生活用品。可贵的是，有件瓷碗带有“宝历二年七月十六日”的铭文，宝历二年（826）为唐敬宗年号。有的碗中写有“茶盏子”，明确标清瓷碗的茶具用途。有的瓷碗带有商号名称，如写有“湖南道草市石诸孟子有名樊家记”，说明唐代商号已在利用出售的商品广做宣传。这批碗形制普通，但纹饰特殊，有大量花叶、莲蓬、飞鸟、摩羯鱼纹，有着鲜明的阿拉伯文化风格[163]。这些带有阿拉伯风格图案和装饰的瓷器，反映出唐代长沙窑为适应西亚市场需求而主动调整产品特色，也反映出这批瓷器很可能是预订瓷器，乃是由阿拉伯商人提供的纹饰或图案。海外经常发现长沙窑的瓷器或残片，学界认为，长沙窑可能是一个重点生产外销瓷的窑场，这次“黑石号”沉船的发现，为确立长沙窑的外销瓷器窑场地位提供了新的证据。

沉船瓷器还包括200件浙江出产的越窑青瓷、350件河北邢窑出产的白瓷、200件河南巩县窑（巩县今为巩义市，为方便和古称对应，本书均作巩县窑）生产的白釉绿彩陶瓷、700余件广东地方窑口烧造的青瓷。这些瓷器多数是唐朝风格，说明这些瓷器并非预订，而是商人有意买下唐朝日常器皿，回去专门销售给喜欢外域陶瓷的客户。

值得注意的是，河南巩县窑白釉绿彩陶瓷器也带有阿拉伯风格。如“黑石号”打捞出的一个龙首细颈盖壶，高120厘米，口径37厘米（图一六九）[164]。龙首柄壶以前在太原北齐娄睿墓曾有发现[165]，但是龙首是在壶柄顶部，而且无盖，与此壶相去甚远。扬州也出土过唐三彩龙首壶，龙首作流，柄部为龙形[166]。唯独此壶龙首为盖，截至目前，尚未见中国出土与此相同的器型。此壶腹部纹饰带有菱形纹，向外又饰放射状花叶纹，与阿拉伯风格相似。如果说，这批瓷器也属于定制，那就可以推测，河南巩县也生产外销瓷器，唐代烧制外销瓷的窑口不止长沙窑一家。

另外，这批白釉绿彩瓷中有1件碗和1件盘在底足刻有“盈”字和“进奉”字款。“盈”字款瓷器以往发现过多批，河北邢窑遗址曾发现过20余件“盈”字款的碗底标本，西安大明宫遗址也出土过这类刻款碗底，河北易县唐孙少矩墓出土过“盈”字款白瓷注子，唐长安遗址曾出土过“盈”字款白瓷器[167]。研究界普遍认为，它们为河北邢窑和河南巩县窑的产品[168]，系皇家大盈库所烧造。

“黑石号”沉船所载瓷器中，最名贵的是3件唐青花瓷，是迄今

图一六九 “黑石号”沉船中的龙首柄壶

发现的中国最早、最完整的青花瓷。据考证，这3件青花盘为河南巩县窑产品[169]，纹样与扬州发现的唐青花执壶、碗、枕等残件近似。中国国内存世唐青花作品极少，“黑石号”沉船上的唐青花瓷盘（图一七〇、一七一），证明至晚在826年前后，青花瓷制造技术已经成熟，并且是外销产品当中的一个品种。2003年以来，河南省文物考古研究所与中国文物研究所在河南巩义市（原巩县）黄冶窑址做考古发掘，出土产品中有白釉绿彩瓷和唐青花执壶残片，解决了唐青花的产地问题。值得注意的是，烧制青花瓷的钴料来自哪里。有人推测，烧制青

图一七〇 『黑石号』沉船中的瓷盘

花瓷的钴料无疑来自阿拉伯地区，通过海上丝绸之路运转内地。

由沉船发现，长沙窑瓷器最多，学界推测可能是在扬州采购的这批瓷器，因为20世纪70年代中期以来，扬州唐城考古出土了大批陶瓷器和碎片，几乎包括了当时中国南北各地主要窑口的产品[170]。专供外销的长沙窑产品在国内除明州成批出土过以外，其余各地都是零星出土，而扬州发现的长沙窑瓷片在出土瓷片总量中占有很大的比例，出土数量仅次于产地。

但是沉船盛装日用瓷器的，却是一种岭南生产的大瓮。观察沉船日用瓷器的盛装方式，是将碗、盘等装入大瓮，整齐码在一起，用草

图一七一 “黑石号”沉船中的瓷盘

绳捆扎，在空隙处填以茶叶或香料等细软物品。沉船上的岭南大瓮，似乎说明“黑石号”船是在扬州进货后，行至广州，做了最后包装，然后离开中国。但是也有学者认为，该船是先到广州，随后才到扬州[171]。不论何说，都认为“黑石号”曾到过广州和扬州。

沉船中的錾花金银器多达31件，其中錾花金器11件，鎏金银器20件（图一七二）。金器有金酒杯、金盘、金壶等，银器有银盘、银壶、银盒、银花瓶等，多数成双成对。金器之精美，可媲美1970年西安何家村唐代窖藏出土的金银器。其中的八棱伎乐人物金杯高10厘米，与何家村出土的八棱人物金杯器型、纹饰大同小异。何家村出土的八棱人物金杯高6.7厘米，此杯高10厘米，比何家村的高出3.3厘米。银盒的花纹也很精美。

船上还有200余枚铜钱和30面铜镜。铜钱为唐代铜币，其中199枚是“开元通宝”，9枚是“乾元重宝”（图一七三）。铜钱面廓精良，面文字迹清晰，质量较高。“开元通宝”是唐代发行量最大，沿用时间最长的货币，从唐初沿用到末年。《旧唐书·食货志上》记载：“武德四年七月，废五铢钱，行开元通宝钱。开元钱之文，为给事中欧阳询制词及书，文字庄重、隽秀、挺拔，时称其工。其字在篆隶之间。”“乾元重宝”铸造于唐肃宗乾元元年，一枚当“开元通宝”十枚。在陆地丝绸之路沿线，也常发现中国历代货币。笔者曾就此事询问过乌兹别克斯坦撒马尔罕考古所前所长Kazim Abdullaev（卡其姆·阿布杜拉耶夫）教授，回答是唐代铜钱可以在西域诸国使用，有的地区为方便流通，或在铜钱上面打上西域地名。“黑石号”沉船出

图一七二 『黑石号』沉船所载金器

图一七三 『黑石号』沉船所载唐代钱币

现唐朝铜币，估计也是在海上丝绸之路沿线国家使用。外流铜币还有一种用途，即丝绸之路沿途国家，有的收集铜钱是为国内使用，如新安沉船所载28吨铜钱，学者考证就是为日本国内铸造青铜佛像使用；还有的国家收集中国钱币，是当作标本，即模仿中国货币形式，然后铸行本国货币。方孔圆形钱币已成为许多国家的范本，如日本的“富本钱”“和同开珎”“万年通宝”“神功开宝”，韩国的“海东通宝”“三韩通宝”“三韩重宝”，越南的“太平兴宝”等，都采用了中国钱币的形式，汉字面文，本国铸行。

“黑石号”沉船上有30面铜镜，分汉式境和唐式镜两类，形状有圆形、葵花形、菱花形、方形等。汉镜如“四乳镜”，唐镜如“真子飞霜纹镜”和“江心镜”（图一七四、一七五）。“江心镜”相当罕见，是专贡皇室的贡品，背面饰四神八卦纹饰和铭文，铭文是“唐乾元元年戊戌十一月廿九日于扬州扬子江心百炼造成”。唐乾元元年为公元 758 年。铜镜铭文不仅显示这些铜镜是在扬州制造的，而且也成为沉船断代的根据之一。铜镜一直是丝绸之路的重要商品，是诸国民众喜爱的高档用品。无论海上丝绸之路沿途诸国，还是陆地丝绸之路诸国，均有汉唐铜镜陆续出土。

问：学术界对“黑石号”沉船有什么认识？

“黑石号”沉船是在海上来往贸易的阿拉伯商船，携带着海上丝绸之路的许多信息。关于“黑石号”沉船及其货物，学术界有很多评价，经初步概括，至少产生以下几点认识：

1. 沉船上的货物均为唐代特征，其中有纪年的器物有两件，一件是瓷碗，带有“宝历二年七月十六日”铭文，宝历二年（826）为唐敬宗年号；另一件是江心镜，带有 “唐乾元元年戊戌十一月廿九日”铭文，乾元元年为公元 758 年。可以知道，这艘船的进货和沉没时间当在 826 年之后。

2. 船上所载货物包括金、银、铜、铁、陶瓷、茶叶、骨、木、石、玻璃、香料等，分为食具、茶具、酒具、生活用具、奢侈品等，数量庞大，大多数是从中国贩往波斯湾阿拉伯诸国的日用商品，足以证明该船是一艘阿拉伯商船。

图一七四 『黑石号』沉船所载唐代铜镜

图一七五 『黑石号』沉船所载江心镜

3. 该船货物中应该也有大量丝绸，但丝绸不易保存，已经不见，不便妄下结论，只能暂且存疑。就可见器物分析，外销瓷最多，说明这是一批预订的商品，也显示出瓷器已经与丝绸并重，或者开始超过丝绸，成为中国通过海上丝绸之路外销的主要商品。

4. 船上多数瓷器有阿拉伯风格的装饰，说明唐朝许多窑口能生产外销瓷器，具体如长沙窑和巩县窑，都盯上了需求量很大的国际市场。

5. 该船上载有皇家“盈”字库瓷器和高档金银器，还有专供皇室的江心镜，这些是特殊器物，出现在“黑石号”沉船，不得不追究原因。皇家“盈”字库瓷器与“江心镜”不是市场销售商品，高档金银器也异常精美，像是皇家用品，因此这部分器物不可能从市场采购，很可能是皇家委托船主赠给阿拉伯某国的礼品，反映出船主兼有某国使者或信使的身份，来回传递消息和礼品，这样的事例史书也有记载。

6. 从船上有许多茶具和茶叶可知（图一七六），不仅茶叶已成为丝绸之路的重要商品，传到波斯湾诸国，成为阿拉伯国家喜爱的生活必需品，而且阿拉伯地区还喜欢唐朝生产的茶具，形成饮用品和器具一起传播的典型例子。

7. 从船上所载物资的数量，可以窥视海上丝绸之路对外贸易的主要商品和次要商品。该船装载的最大宗商品是瓷器，其次是茶叶和铜镜，可知瓷器是主要外销商品。

图一七六 『黑石号』沉船中的茶具

问：说到“黑石号”沉船，顺便提一个问题，就是在阿拉伯地区，是否有北朝或唐代器物出土？

张：有的，还不少，如阿曼的苏哈尔古城。阿曼位于阿拉伯半岛东南部，地处波斯湾通往印度洋的要道。苏哈尔是阿曼北部海岸的主要城市，巴提奈地区最大的城市，自古便是海湾地区著名良港。在苏哈尔古城堡内，发现许多唐代陶瓷残片，甚至有唐代青花瓷片和产自河南洛阳的唐三彩。中国学者在该地调查，“不仅在苏哈尔古城堡遗址的文化堆积里，采集到中国唐代陶瓷的残片，而且在马斯喀特阿曼国家历史博物馆里，见到了为数众多的中国河南烧制的唐代三彩陶、湖南烧制的唐代釉下彩瓷和河北烧制的唐代白釉瓷器及其标本”[172]。“黑石号”如没有沉没，无疑要经过这里，这里在与中国的贸易中，起过重大作用，是通向阿拉伯国家的必经之地和门户，也是通向东非和印度的中转站。阿拉伯早期地理著作《世界境域志》记载：“阿曼（拼作 Omman）是一个海岸上的大城镇，此地商人很多，是全世界的商业中心。城内的商人是世界上最富有的，东、西、南、北各方的商品皆运到该城，然后从这里再运往各地。”[173]阿曼向中国输入的商品，主要有乳香、蔷薇水、象牙、椰枣、马匹、木材等；中国向阿曼输入的商品，主要有陶瓷和丝绸。

问：海上丝绸之路离不开港口，请问南北朝到唐代，中国重要港口有哪些？

张：重要港口有几个，如学界认为，“黑石号”沉船就经过扬州和广州，此外还有福州、明州和泉州等，比较重要的是扬州和广州。扬州早在南朝开始繁华，隋唐大运河的开凿，使扬州联通内外，成为一个著名商业港口城市，长期居住着数以千计的胡商。多数学者认为，“黑石号”从扬州采集物品，又在广州包装、整理后出发[174]。唐代、扬州迅速发展成繁盛的工商业城市[175]，许多外商胡人乘风破浪，通过海上丝绸之路到达扬州。

近年，扬州发现的唐代《唐故李府君墓志并序》可以为证。该墓志记载，墓主姓李（显然是入乡随俗，主动汉化，取皇族李姓为自己姓氏），父名“罗呼禄”，墓主称“摩呼禄”，“波斯国人也”，早年“舟航赴此”，后在扬州安居，七十五岁去世。去世日期是唐文宗“大和九年二月十六日”[176]，即公元835年3月22日。就是说，“黑石号”来扬州时，墓主可能还活着。两人是否有商业来往，很难考证，但是从中反映出，居住在扬州的波斯商人不是少数。仅从墓主摩呼禄的墓志考察，就可以发现，他并非单独寓居扬州，和他在一起的，还有他的两个侄子。因此可以推测，正因为扬州波斯商人多，“黑石号”才将入华首站选在扬州，毕竟同地区人，语言相同，习俗相近，便于洽谈生意。

另外，《旧唐书·田神功传》也记载：“神功至扬州，大掠居人资产，鞭笞发掘略尽，胡商大食、波斯等商旅死者数千人。”这条记载恰与墓志相互参证，证实扬州胡商之多。胡商在扬州做的生意无疑很杂，但是海上对外贸易，一定是其中一项。不论陆地丝路胡商，还是海上丝路胡商，大食商人也罢，波斯商人也罢，骨子里继承的都是中亚或西亚的传统经商精神——利之所在，无所不到[177]。他们凑集扬州，就是为开展海上丝路贸易。扬州出土很多全国各窑口的瓷器，而且还出土有波斯陶瓷器[178]，显然是波斯商人在扬州出售本国陶瓷器。种种信息表明，扬州确实是一个繁盛的港口城市。

居住在广州的波斯、大食人数量可能比扬州的还多，这可以从一条史料中看出。史载："乾元元年（758），波斯与大食同寇广州，劫仓库，焚庐舍，浮海而去。"仔细分析，为何"波斯与大食同寇广州"，估计与官府赋税过重，不堪忍受有关。这次"寇广州"，实际上就是抗争。"大历六年，遣使来朝，献真珠等"。大历六年（771），波斯人才又来朝献，估计是为了弥补过错，重修旧好。经过这次事件之后，为保证海上丝绸之路畅通，唐政府也放宽了对外商的政策。外商又通过海上丝绸之路来到广州，"黑石号"就是其中的一艘商船。

广州作为海上丝绸之路入华第一站，占了地利，成为唐朝最大的通商口岸。为有效管理，早在唐高宗显庆六年（661），唐政府便于广州创设市舶使，总管海路邦交、外贸，征收关税，对市舶贸易进行监督和管理。

需要注意的是，文献记载，南北朝至唐代，政府赐予通过海上丝绸之路到达中国的使节许多丝绸，但是对海上丝绸之路沿线发现的中国贸易商品进行考察，发现随着时代改变，陶瓷商品数量逐渐超越丝绸，成为外销主要商品，这是该时期的一个鲜明特点。瓷器生产技术也逐渐在各地区传播。这个变化，正是前期丝绸之路的自然结果，也是中国陶瓷生产能力大幅提高，在国际市场畅销的结果。

问：感谢您让我们享受了一场关于胡商的文化大餐，最后能不能作一个总结？

张：总结谈不到，说几句题外话。丝绸之路的考古资料都是具体、直观的，每一件只能体现北朝、隋唐胡商贸易活动和生活中的一个点或者一个侧面，反映不了宏观的场面或背景。反过来看，有关胡商的形貌、衣饰、驮载工具、货物种类等，均是史书记载的弱项，史书或无记载，或语焉不详。如果能把考古资料中反映胡商活动、生活中的点或者小侧面按照内在联系渐渐拼凑起来，像滚雪球一样，越来越大，以点到线，以线到面，那我们对北朝、隋唐胡商各层面的认识也就会越来越清楚。这是一项长期性的研究工作，即使现在还达不到这个目标，将来随着认识深化、研究方法进步与新资料的不断出现，终究会逐渐接近此目标。

问：谢谢您的精彩解读。希望通过这次专访，大家能对北朝、隋唐的胡商及其文化产生深层次的认识，也希望为我们了解华夏文明的博大精深提供有益的内涵。

【注释】

[1] 田边胜美 . 世界美术大全集 · 东洋编 15// 中央アジア . 时事通讯社,2001:298.

[2] 王绣 . 洛阳文物精粹 . 郑州:河南美术出版社,2001:161.

[3] 林良一 . シルケロ丨゛ト . 时事通讯社,昭和六十三年:彩版 5.

[4] 国家文物局 . 中国文物精华大辞典·陶瓷卷 . 上海辞书出版社、商务印书馆(香港),1998:153.

[5] 西安市文物保护考古所,王自力,孙福喜 . 唐金乡县主墓 . 北京:文物出版社,2002:37.

[6] 国家文物局 . 中国文物精华大辞典·陶瓷卷 . 上海辞书出版社、商务印书馆(香港),1998:154.

[7] 国家文物局 .2000 中国重要考古发现 . 北京:文物出版社,2001:87-94.
山西省考古研究所,大同市考古研究所 . 大同市北魏宋绍祖墓发掘简报 . 文物,2001(7).

[8] 国家文物局 . 中国文物精华大辞典·陶瓷卷 . 上海辞书出版社、商务印书馆(香港),1998:112.

[9] 周祖谟 . 洛阳伽蓝记校释 · 卷三 . 北京:中华书局,1987:132.

[10] 洛阳博物馆 . 洛阳北魏元邵墓 . 考古,1973(4).

[11] 洛阳博物馆 . 河南洛阳北魏元乂墓调查 . 文物,1974(12).

[12] 中国社会科学院考古研究所河南二队 . 河南偃师县杏园村的四座北魏墓 . 考古,1991(9).

[13] 洛阳市文物工作队 . 洛阳孟津晋墓、北魏墓发掘简报 . 文物,1991(8).

[14] 洛阳市第二文物工作队 . 洛阳纱厂西路北魏墓 HM555 发掘简报 . 文物,2002(9).

[15] 偃师商城博物馆 . 河南偃师南蔡庄北魏墓 . 考古,1991(9).
偃师商城博物馆 . 河南偃师县两座北魏墓发掘简报 . 考古,1993(5).

[16] 河北省文管处 . 河北景县北魏高氏墓发掘简报 . 文物,1979(3).

[17] 河北省博物馆,河北省文物管理处.河北曲阳发现北魏墓.考古,1972(5).

[18] 磁县文化馆.河北磁县东魏茹茹公主墓发掘简报.文物,1984(4).

[19] 河北省沧州地区文化馆.河北省吴桥四座北朝墓葬.文物,1984(9).

[20] 石家庄地区革委会文化局文物发掘组.河北赞皇东魏李希宗墓.考古,1977(6).

[21] 磁县文化馆.河北磁县东陈村东魏墓.考古,1977(6).

[22] 中国社会科学院考古研究所,河北省文物研究所,邺城考古工作队.河北磁县湾漳北朝墓.考古,1990(7).

[23] 山西省博物馆.太原圹坡北齐张肃(俗)墓文物图录.北京:中国古典艺术出版社,1958.

[24] 山西省考古研究所,太原市文物管理委员会.太原市北齐娄叡墓发掘简报.文物,1983(10).

[25] 常一民.太原市神堂沟北齐贺娄悦墓整理简报.文物季刊,1992(3).

[26] 河南省博物馆.河南安阳北齐范粹墓发掘简报.文物,1972(1).

[27] 磁县文化馆.河北磁县北齐高润墓.考古,1979(3).

[28] 磁县文物保管所.河北磁县北齐元良墓.考古,1997(3).

[29] 山东省文物考古研究所.济南市东八里洼北朝壁画墓.文物,1989(4).

[30] 该墓由太原市文管会发掘,资料正在整理之中。

[31] 陕西省考古研究所.北周宇文俭墓清理发掘简报.考古与文物,2001(3).

[32] 负安志.中国北周珍贵文物.西安:陕西人民美术出版社,1992:44,65.

[33] 中国社会科学院考古研究所安阳工作队.安阳隋墓发掘报告.考古学报,1981(3).

[34] 山西省考古研究所,太原市文物管理委员会.太原隋斛律徹墓清理简报.文物,1992(10).

[35] 陕西省文物管理委员会.西安西郊中堡村唐墓清理简报.考古,1960(3).

[36] 张正岭．西安韩森寨唐墓清理记．考古通讯，1957(5).

[37] 陕西省考古研究所．西安西郊陕棉十厂唐壁画墓清理简报．考古与文物，2002(1).

[38] 王九刚．西安东郊红旗电机厂唐墓．文物，1992(9).

[39] 中国科学院考古研究所．西安郊区隋唐墓．北京：科学出版社，1966:45.

[40] 西安市文物保护考古所，王自力，孙福喜．唐金乡县主墓．北京：文物出版社，2002:32-38.

[41] 昭陵博物馆．唐昭陵长乐公主墓．文博，1988(3).

[42] 陕西省博物馆，礼泉县文教局唐墓发掘组．唐郑仁泰墓发掘简报．文物，1972(7).

[43] 陕西省博物馆，乾县文教局唐墓发掘组．唐章怀太子墓发掘简报．文物，1972(7).

[44] 洛阳市文物工作队．洛阳龙门唐安菩夫妇墓．中原文物，1982(3).

[45] 310 国道孟津考古队．洛阳孟津西山头唐墓．文物，1992(3):6
310 国道孟津考古队．洛阳孟津西山头唐墓发掘报告．华夏考古，1993(1).

[46] 洛阳博物馆．洛阳关林 59 号唐墓．考古，1972(3).
洛阳博物馆．洛阳关林唐墓．考古，1980(4).

[47] 偃师商城博物馆．河南偃师唐墓发掘报告．华夏考古，1995(1).

[48] 郑州市文物考古研究所，巩义市文物保护管理所．河南省巩义市孝西村唐墓发掘简报．文物，1998(11).

[49] 郑州市文物考古研究所，巩义市文物保护管理所．河南省巩义市芝田两座唐墓发掘简报．文物，1998(11).

[50] 河南省文化局文物工作队．河南扶沟县唐赵洪达墓．考古，1965(8).

[51] 河北省文物研究所，保定市文物管理处，安国市文物管理处．河北省安国市梨园唐墓发掘简报．文物春秋，2001(3).

[52] 辛明伟，李振奇．河北清河丘家那唐墓．文物，1990(7).

[53] 河北省文物研究所，平山县博物馆．河北平山县西岳村隋唐崔氏墓．考古，2001(2).

[54] 沈振中,吴连城.太原市南郊金胜村发现唐墓.文物参考资料,1958(6).
山西省文物管理委员会.太原南郊金胜村唐墓.考古,1959(9).

[55] 山西省文物管理委员会,山西省考古研究所.山西长治北石槽唐墓.考古,1962(2).
山西省文物管理委员会晋东南文物工作组.山西长治北石槽唐墓.考古,1965(9).

[56] 山西省文物管理委员会晋东南文物工作组.山西长治唐王休泰墓.考古,1965(8).

[57] 杨富斗.山西长治唐墓清理简报.考古通讯,1957(5).

[58] 王进先.山西长治市北郊唐崔拏墓.文物,1987(8).

[59] 长治市博物馆.山西长治市唐代冯廓墓.文物,1989(6).

[60] 长治市博物馆.长治县宋家庄唐代范澄夫妇墓.文物,1989(6).

[61] 辽宁省文物考古研究所,朝阳市博物馆.辽宁朝阳市黄河路唐墓的清理.考古,2001(8).

[62] 辽宁省文物考古研究所,朝阳市博物馆.辽宁朝阳北朝及唐代墓葬.文物,1998(3).

[63] 甘肃省博物馆文物队.甘肃秦安县唐墓清理简报.文物,1975(4).

[64] 黎大祥.武威青咀喇嘛湾唐代吐谷浑王族墓葬.陇右文博,1976(1).

[65] 徐州市博物馆.江苏徐州市花马庄唐墓.考古,1997(3).
扬州博物馆.扬州发现两座隋唐墓.文物,1973(5).
李万,张亚.扬州出土一批唐代彩绘俑.文物,1979(4).
武汉市文物管理处.武汉市东湖岳家嘴隋墓发掘简报.考古,1983(9).

[66] 洛阳博物馆.洛阳关林59号唐墓.考古,1972(3).

[67] 杨富斗.山西长治唐墓清理简报.考古通讯,1957(5).

[68] 山西省文物管理委员会晋东南文物工作组.山西长治唐王休泰墓.考古,1965(8).

[69] 长治市博物馆.山西长治唐代王惠墓.文物,2003(8).

[70] 该墓材料还未发表,该俑现藏县博物馆。

[71] 辽宁省文物考古研究所,朝阳市博物馆.辽宁朝阳市黄河路唐墓的清理.考古,2001(8).

[72] 王九刚.西安东郊红旗电机厂唐墓.文物,1992(9).

[73] 陕西省博物馆,礼泉县文教局唐墓发掘组.唐郑仁泰墓发掘简报.文物,1972(7).

[74]《通典》卷一〇八《礼典六十八·杂制·明器注》:"三品以上九十事,五品以上六十事,九品以上四十事。四神、驼、马及人不得尺余,音声卤薄不过七寸。"见中华书局,1988年版,第571页。

[75] 山西省考古研究所,太原市文物管理委员会.太原市北齐娄叡墓发掘简报.文物,1983(10).

[76] 夏名采.益都北齐石室墓线刻画像.文物,1985(10).

[77] J.J.Lally & Co.Oriental Art"Chinese Archaic Bronzes, Sculpture And Works of Art",New York,1992.

[78] 陕西省考古研究所.西安北周安伽墓.北京:文物出版社,2003:32-33.

[79] 杨军凯.入华粟特聚落首领墓葬的新发现——北周凉州萨保史君墓石椁图像初释//荣新江,张志清.从撒马尔干到长安——粟特人在中国的文化遗迹.北京:北京图书馆出版社,2004:17-27,图版60-61.

[80] 敦煌文物研究所.中国石窟·敦煌莫高窟一.文物出版社、株式会社平凡社,1987:图189.

[81] 敦煌文物研究所.中国石窟·敦煌莫高窟二.文物出版社、株式会社平凡社,1987:图75.

[82] 敦煌文物研究所.中国石窟·敦煌莫高窟三.文物出版社、株式会社平凡社,1987:图133.

[83] 敦煌文物研究所.中国石窟·敦煌莫高窟三.文物出版社、株式会社平凡社,1987:图133.

[84] 慧立本释,彦悰笺《大唐大慈恩寺三藏法师传》卷二:"时同侣商胡数十,贪先贸易,夜中私发,前去十余里,遇贼劫杀,无一脱者。"见《大正新修大藏经》第50册,第226页。

[85] 敦煌文物研究所．中国石窟·敦煌莫高窟三．文物出版社、株式会社平凡社，1987:图 153.

[86] 田边胜美．世界美术大全集·东洋编 15//中央アジア．时事通讯社，2001:298.

[87] 山西省文物管理委员会．太原南郊金胜村唐墓．考古，1959(9).

[88] 山西省考古所．太原市南郊唐代壁画墓清理简报．文物，1988(12).

[89] 富平县文化馆，陕西省博物馆，陕西省文物管理委员会．唐李凤墓发掘简报．考古，1977(5).
张鸿修．中国唐墓壁画集．广州：岭南美术出版社，1995:70.

[90] 陕西省考古研究所，泾阳县文管会．唐张仲晖墓发掘简报．考古与文物，1992(1).

[91] 西安市文物保护研究所，王自力，孙福喜．唐金乡县主墓．北京：文物出版社，2002:23-24.

[92] 甘肃省博物馆．敦煌佛爷庙湾唐代模印砖墓．文物，2002(1).

[93] 穆舜英．中国新疆古代艺术．乌鲁木齐：新疆美术摄影出版社，1994:286.

[94] 唐长儒．吐鲁番出土文书(叁)．北京：文物出版社，1996:346.

[95] 敦煌文物研究所．中国石窟·敦煌莫高窟一．文物出版社、株式会社平凡社，1987:189.

[96] 北史·卷九七·且末国传．北京：中华书局，1974:3209.

[97] 〔美〕谢弗．唐代的外来文明．吴玉贵，译．北京：中国社会科学出版社，1995:24.

[98] 洛阳博物馆．洛阳北魏元邵墓．考古，1973(4).

[99] 洛阳博物馆．河南洛阳北魏元乂墓调查．文物，1974(12).

[100] 中国社会科学院考古研究所河南二队．河南偃师县杏园村的四座北魏墓．考古，1991(9).

[101] 洛阳市文物工作队．洛阳孟津晋墓、北魏墓发掘简报．文物，1991(8).

[102] 偃师商城博物馆．河南偃师南蔡庄北魏墓．考古，1991(9).
偃师商城博物馆．河南偃师县两座北魏墓发掘简报．考古，1993(5).

[103] 洛阳市第二文物工作队．洛阳纱厂西路北魏墓HM555发掘简报．文物,2002(9).

[104] 山西省考古研究所,大同市考古研究所．大同市北魏宋绍祖墓发掘简报．文物,2001(7).

[105] 磁县文化馆．河北磁县东魏茹茹公主墓发掘简报．文物,1984(4).

[106] 河北省沧州地区文化馆．河北省吴桥四座北朝墓葬．文物,1984(9).

[107] 石家庄地区革委会文化局文物发掘组．河北赞皇东魏李希宗墓．考古,1977(6).

[108] 磁县文化馆．河北磁县东陈村东魏墓．考古,1977(6).

[109] 中国社会科学院考古研究所,河北省文物研究所,邺城考古工作队．河北磁县湾漳北朝墓．考古,1990(7).

[110] 山西省博物馆．太原圹坡北齐张肃(俗)墓文物图录．北京:中国古典艺术出版社,1958.

[111] 山西省考古研究所,太原市文物管理委员会．太原市北齐娄叡墓发掘简报．文物,1983(10).

[112] 常一民．太原市神堂沟北齐贺娄悦墓整理简报．文物季刊,1992(3).

[113] 河南省博物馆．河南安阳北齐范粹墓发掘简报．文物,1972(1).

[114] 磁县文化馆．河北磁县北齐高润墓．考古,1979(3).

[115] 磁县文物保管所．河北磁县北齐元良墓．考古,1997(3).

[116] 山东省文物考古研究所．济南市东八里洼北朝壁画墓．文物,1989(4).

[117] 该墓由太原市文管会发掘,资料正在整理之中。

[118] 感谢纽约大都会博物馆同意我使用这些照片。

[119] 敦煌文物研究所．中国石窟·敦煌莫高窟一．文物出版社、株式会社平凡社,1987:图189.

[120] 张籍．凉州词三首//全唐诗(第十二册)·卷三八六．北京:中华书局,1960:4357.

[121] 隋书·卷三十四·经籍志三.北京:中华书局,1973:1045-1046.

[122] 魏书·卷九十·西域传·洛那国.北京:中华书局,1974.

[123] 魏书·卷九十·西域传·吐呼罗国.北京:中华书局,1974.

[124] 杨衒之.洛阳伽蓝记·卷四·城西.周祖谟,校释.上海:上海书店出版社,2000:164.

[125] 山西省考古研究所,太原市文物考古研究所.北齐东安王娄睿墓.北京:文物出版社,2006:30,图八,图二五,图版二五.

[126] 山西省考古研究所,忻州市文物管理处.山西忻州市九原岗北朝壁画墓.考古,2015(7).

[127] 姜伯勤.唐安菩墓所出三彩骆驼所见"盛于皮袋"的祆神——兼论六胡州突厥人与粟特人之祆神崇拜//唐研究(第七卷).北京:北京大学出版社,2001:55.

[128] 郑作新.中国经济动物志·鸟类.北京:科学出版社,1963:72-73.豆雁,气候温暖时在北方繁殖,严寒季节均迁南方越冬。它们是为人们很熟悉的候鸟,随着气候寒暖而结群南北迁徙。秋风起,我国境内常常可以遇到数十成百只雁结成的雁群由北向南缓缓掠空飞行。雁阵整齐,常排成"人"字或"一"字形。它们多栖息于川河湖泊中,觅食时常在稻田、沟渠、草原及低洼草滩等处。黎明或黄昏时的来去路经常是固定的。……大雁是很机警的。大群入睡时常有一只老雁站在雁群一旁,若遇危险,即发出叫声,惊醒雁群。早在《禽经》中,就有"夜栖川泽中,千百为群,有一雁不瞑,以警众也"的记载。雁群高地起飞后,亦常于空中集中回旋片时,才作定向飞行。在西伯利亚和欧洲北部繁殖,春秋二季越过华北,到华中、华南一带过冬。我国境内有 4 个亚种。

[129] 郑作新.中国的鸟类.上海:商务印书馆,1952:109.

[130] 〔古代阿拉伯〕马苏第.黄金草原.耿昇,译.西宁:青海人民出版社,1998:251.

[131] 唐长儒.吐鲁番出土文书(叁).北京:文物出版社,1996:306.

[132] 唐长儒.吐鲁番出土文书(叁).北京:文物出版社,1996:346.

[133] 唐长儒.吐鲁番出土文书(肆).北京:文物出版社,1996:275-279.

[134] 历朝对胡商及其贸易都采取保护政策，如《周书》卷四九："有周承丧乱之后，属战争之日，定四表以武功，安三边以权道。赵、魏尚梗，则结姻于北狄；厩库未实，则通好于西戎。由是德刑具举，声名遐洎。卉服毡裘，辐凑于属国；商胡贩客，填委于旗亭。"《隋书》卷二四："又以西域多诸宝物，令裴矩往张掖，监诸商胡互市。啖之以利，劝令入朝，自是西域诸蕃，往来相继，所经州郡，疲于送迎，縻费以万万计。"

[135] 唐长儒．吐鲁番出土文书(肆)．北京：文物出版社，1996:264-265.

[136] 姜伯勤．敦煌吐鲁番文书与丝绸之路．北京：文物出版社，1994:194.

[137] 〔美〕安妮特·L·朱丽安娜，朱迪思·A·莱莉．古粟特文信札(Ⅱ号)．苏银梅，译．考古与文物，2003(5).

[138] 姜伯勤．敦煌吐鲁番文书与丝绸之路．北京：文物出版社，1994:150-205.
荣新江．中古中国与外来文明．北京：生活·读书·新知三联书店，2001:37-110.

[139]《旧唐书》卷一一〇列传第六〇："邓景山，曹州人也。文吏见称。天宝中，自大理评事至监察御史。至德初，擢拜青齐节度使，迁扬州长史、淮南节度。为政简肃，闻于朝廷。居职四年，会刘展作乱，引平卢副大使田神功兵马讨贼。神功至扬州，大掠居人资产，鞭笞发掘略尽，商胡大食、波斯等商旅死者数千人。"

[140] 新疆维吾尔自治区文物管理委员会，拜城县克孜尔千佛洞文物保管所，北京大学考古系．中国石窟·克孜尔石窟二．文物出版社、株式会社平凡社，1987:184-191.

[141] 新疆维吾尔自治区文物管理委员会，拜城县克孜尔千佛洞文物保管所，北京大学考古系．中国石窟·克孜尔石窟二．文物出版社、株式会社平凡社，1987:181.

[142] 姜伯勤．敦煌吐鲁番文书与丝绸之路．北京：文物出版社，1994:174-188.

[143] 荣新江．祆教初传中国年代考．国学研究(第3卷)．北京：北京大学出版社，1995:335-353.

[144] 姜伯勤．萨宝府制度源流论略——汉文粟特人墓志考释之一//华学(第三辑)．北京：紫禁城出版社，1998.

[145] 王仲荦．北周六典．北京：中华书局，1979:163.

[146] 姜伯勤.萨宝府制度源流论略——汉文粟特人墓志考释之一//华学(第三辑).北京:紫禁城出版社,1998:302.

[147] 荣新江.萨保与萨薄:北朝隋唐胡人聚落首领问题的争论与辨析//叶奕良.伊朗学在中国论文集(第三集).北京:北京大学出版社,2003:128-144.
荣新江.萨保与萨薄:佛教石窟壁画中的粟特商队首领//《法国汉学》丛书编辑委员会.粟特人在中国——历史、考古、语言的新探索.北京:中华书局,2005:49.

[148] 国家文物局古文献研究室,新疆维吾尔自治区博物馆,武汉大学历史系.吐鲁番出土文书:第二册.北京:文物出版社,1981:45-47.

[149] 孙莉.萨珊银币在中国的分布及其功能.考古学报,2004(1).

[150] 柳洪亮.新出吐鲁番文书及其研究.乌鲁木齐:新疆人民出版社,1997:46,47,73-75.

[151] 北史·卷一·魏本纪第一.北京:中华书局,1974:32.

[152] 北史·卷二·魏本纪第二.北京:中华书局,1974:49.

[153] 北史·卷二·魏本纪第二.北京:中华书局,1974:49.

[154] 〔德〕冯·佳班.高昌回鹘王国的生活.邹如山,译.吐鲁番市地方志编辑室,1989:30.

[155] 杨衒之.洛阳伽蓝记校注·卷三·城南.范祥雍,校注.上海:上海古籍出版社,1999:161.

[156] 周书·卷四九·异域上.北京:中华书局,1971:884.

[157] 隋书·卷二四·食货志.北京:中华书局,1973:687.

[158] 魏书·卷一九上·景穆十二王上·元暹传.北京:中华书局,1974:444-445.

[159] 张世民,杨良瑶.中国最早航海下西洋的外交使节.咸阳师范学院学报,2005(3).

[160] 钱江.波斯人、阿拉伯商贾、室利佛逝帝国与印尼Belitung海底沉船:对唐代海外贸易的观察和讨论.国家航海(第一辑).上海:上海古籍出版社,2011.

[161] 陈锐.湖南省博物馆馆藏黑石号沉船长沙窑瓷器初探.湖南省博物馆馆刊,2010(7).

[162] 陈锐．湖南省博物馆馆藏黑石号沉船长沙窑瓷器初探．湖南省博物馆馆刊，2010(7).

[163] 谢明良．记黑石号(Batu Hitam)沉船中的中国陶瓷器//谢明良．贸易陶瓷与文化史．台湾:允晨文化实业股份有限公司,2005.

[164] 林亦秋．唐代宝藏——“黑石”号沉船//郭景坤．古陶瓷科学技术6:2005年国际讨论会论文集．上海:上海科学技术文献出版社,2005:141.

[165] 山西省考古研究所,太原市文物管理委员会．太原市北齐娄叡墓发掘简报．文物,1983(10).

[166] 古健．扬州出土的唐代黄釉绿彩龙首壶．文物,1982(8).

[167] 尚民杰,程林泉．西安南郊新发现的唐长安新昌坊“盈”字款瓷器及相关问题．文物,2003(12).
翟春玲,王长启．青龙寺遗址出土“盈”字款珍贵白瓷器．考古与文物,1997(6).

[168] 陈克伦．唐代“黑石号”沉船出水白釉绿彩瓷器研究//上海博物馆集刊(第十二期).上海书画出版社,2012.

[169] 林亦秋．黑石号沉船上的唐青花瓷．收藏,2008(1).

[170] 南京博物院发掘工作组．扬州唐城遗址1975年考古工作简报．文物,1977(9).
中国社会科学院考古研究所,南京博物院,扬州市文化局扬州城考古队．江苏扬州市文化宫唐代建筑基址发掘简报．考古,1994(5).
李则斌．扬州新近出土的一批唐代文物．考古,1995(2).
徐忠文,徐仁雨,周长源．扬州出土唐代长沙窑瓷器研究．北京:文物出版社,2015.

[171] 谢明良．记黑石号(Batu Hitam)沉船中的中国陶瓷器//谢明良．贸易陶瓷与文化史．台湾:允晨文化实业股份有限公司,2005.

[172] 朱江．中国的扬州与阿曼的苏哈尔．阿拉伯世界研究,1991(4).

[173] 佚名．世界境域志·第三十七章:关于阿拉伯国及其诸城镇．王治来,译注．上海:上海古籍出版社,2010:170.

[174] 张海军．“黑石号”沉船有关问题再研究．东方收藏,2014(11).

[175] 金相范．唐代后期扬州的发展和外国人社会．台湾师大历史学报,2010

(44):37-66.

[176] 郑阳,陈德勇.扬州新发现唐代波斯人墓碑意义初探.中国穆斯林,2015(3).

[177] 旧唐书・卷一百九十八・西戎传・康国.北京:中华书局,1975.

[178] 顾风.扬州出土波斯陶及其在文化交流史上的地位.东南文化,1988(1).周长源,张浦生,张福康.扬州出土的古代波斯釉陶研究.文物,1988(12).

后记

早在十年前，虞弘墓发掘完毕，整理报告期间，我就萌发写作本书之意，因当时全部精力投于编写报告，本书只能暂搁一边。从2000年起，西安安伽墓、史君墓、康业墓等几个粟特人墓葬先后发现，为诠释虞弘墓图像提供了可遇不可求的良机。近年，丝绸之路与中外文化交流出现许多新成果，学术界对北朝、唐代社会有了更深入的研究。凡此种种，累积为撰写此书的基础。

本书乃《太原隋虞弘墓》考古报告的续篇或者姊妹篇。与上篇不同的是，续篇采取较通俗的形式，以适应各层面的读者，但在学术探讨方面，一点未敢懈怠，将近年收集的新资料和产生的新看法全部囊括其中。为方便读者查阅，引用资料，也皆附注文尾。

2003年以来，我年年承担北朝考古的发掘项目，或遗址，或墓葬，几乎每年要在平城遗址待上半年，致使本书屡捡屡放，总不成篇。直到去年受公众考古学之影响，才下了决心，一鼓作气完成此书。虽说这只是一本小书，不入方家之眼，然而对我来讲，却比报告还费心力，知其不可而为之，其中苦乐，难与人言。

解读虞弘墓实非易事，时隔一千余年，地跨万里之遥，读懂虞弘墓来自异域他国的图像，不是十年八载即可成功，有待更多新材料被发现，与此相互印证、彼此诠释，方有望真正读通、搞懂。

为搞清虞弘墓图像的内涵，10 年来，我探讨过虞弘墓图像中的波斯文化因素，也探讨过考古资料中的胡腾舞形象、胡商俑与胡商图，这次一并将所获心得，以访谈形式附于书中，便于读者了解丝绸之路、中古东西方文化交流的历史实况和虞弘墓图像的文化背景。

公众考古学是一个新领域，把重要的考古发现介绍给公众，是考古人的职责，也是回报社会的最佳选择。但要写好一本书，让读者通过遗物、遗迹，寻觅失落的古代文明，却不是心想即可事成。今夏应邀去北京大学考古文博学院参加研究生的论文答辩期间，与齐东方教授谈起公众考古学和写作本书放不下、写不好的烦恼。他对公众考古学抱有浓厚兴趣，曾写过一本《唤醒沉睡的王国：尼雅探秘》，读者反响很好，书肆也已脱销。他非常理解我的心情，不仅鼓励我写完此书，还答允为本书写序，促使我下定决心最后杀青。

深感自慰的是，在本书写作过程中，得到家人和国内外许多友人的鼓励、帮助，如齐东方、荣新江、任志录、赵瑞民、渠传福、王灵善、张继红、宋建忠、王铁英、巫鸿、蒋人和、许杰、司美茵、王每心、稻垣肇、山本忠尚、小田木、张建林、邢福来、程林泉、于志勇、宋馨、刘锁祥、秦艳兰等，他（她）们为我提供照片，寻找资料，改订拙文，题字惠赐，热情鼓励，协办委托，助我顺利完成本书。牛津大学副校长罗森教授，今夏暑假在山西考察，得知我需要大英博物馆的几幅照片，还没有委托书，回去很快帮我联系，给我寄来。对以上朋友，难以一一面谢，谨记于此，表达敬谢之心。

今年多雪，正月里就有一场难以忘怀的雪。立冬刚过，又下了一场几十年罕见的大雪。经过大雪装扮，现代城市似乎与古代拉近了距离。望着银装素裹的大千世界，心里有一种说不清的触动和感怀，思索良久，思路渐渐清晰，凝结为一个希望，望本书成为连接今古的文化桥梁，引导读者穿越时空，返归古代，欣赏珍贵的文化遗产。

张庆捷

记于己丑立冬大雪后

再版后记：

从去年起，三晋出版社拟编一套“山西与丝绸之路”丛书，本书有幸被收入。利用本次再版之机，订正一些错误，根据新研究和发现，又增加一些内容。较重要的改正是，本书原名《胡商　胡腾舞与入华中亚人——解读虞弘墓》，按照出版社的要求，更名为《解读虞弘墓——北朝定居中国的粟特人》，特此说明。另外，新增加海上丝绸之路的内容，照片由齐东方、林亦秋先生提供，援手之谊，深表感谢。责编秦艳兰精心校对，反复核实，一并表示谢意。

2019年2月

图书在版编目(CIP)数据

解读虞弘墓：北朝定居中国的粟特人 / 张庆捷著
. — 太原 ：三晋出版社，2019.12
ISBN 978-7-5457-1988-8

Ⅰ. ①解… Ⅱ. ①张… Ⅲ. ①虞弘（533-592）— 墓葬（考古）— 研究 Ⅳ. ① K878.84

中国版本图书馆 CIP 数据核字（2019）第 299750 号

解读虞弘墓——北朝定居中国的粟特人

著　　者：张庆捷
责任编辑：秦艳兰
责任印制：李佳音
装帧设计：贾兴国

出 版 者：山西出版传媒集团 · 三晋出版社（原山西古籍出版社）
地　　址：太原市建设南路 21 号
邮　　编：030012
电　　话：0351-4922268（发行中心）
0351-4956036（总编室）
0351-4922203（印制部）
网　　址：http://www.sjcbs.cn

经 销 者：新华书店
承 印 者：山西瑞兴印刷包装有限公司

开　　本：787mm × 960mm　1/16
印　　张：22.5
字　　数：230 千字
印　　数：1-1500 册
版　　次：2020年 1月　第 1 版
印　　次：2020年 1月　第 1 次印刷
书　　号：ISBN 978-7-5457-1988-8
定　　价：108.00 元